2 Finde Rechenaufgaben.

_____

_____

_____

_____

_____

_____

_____

_____

Zerlegen

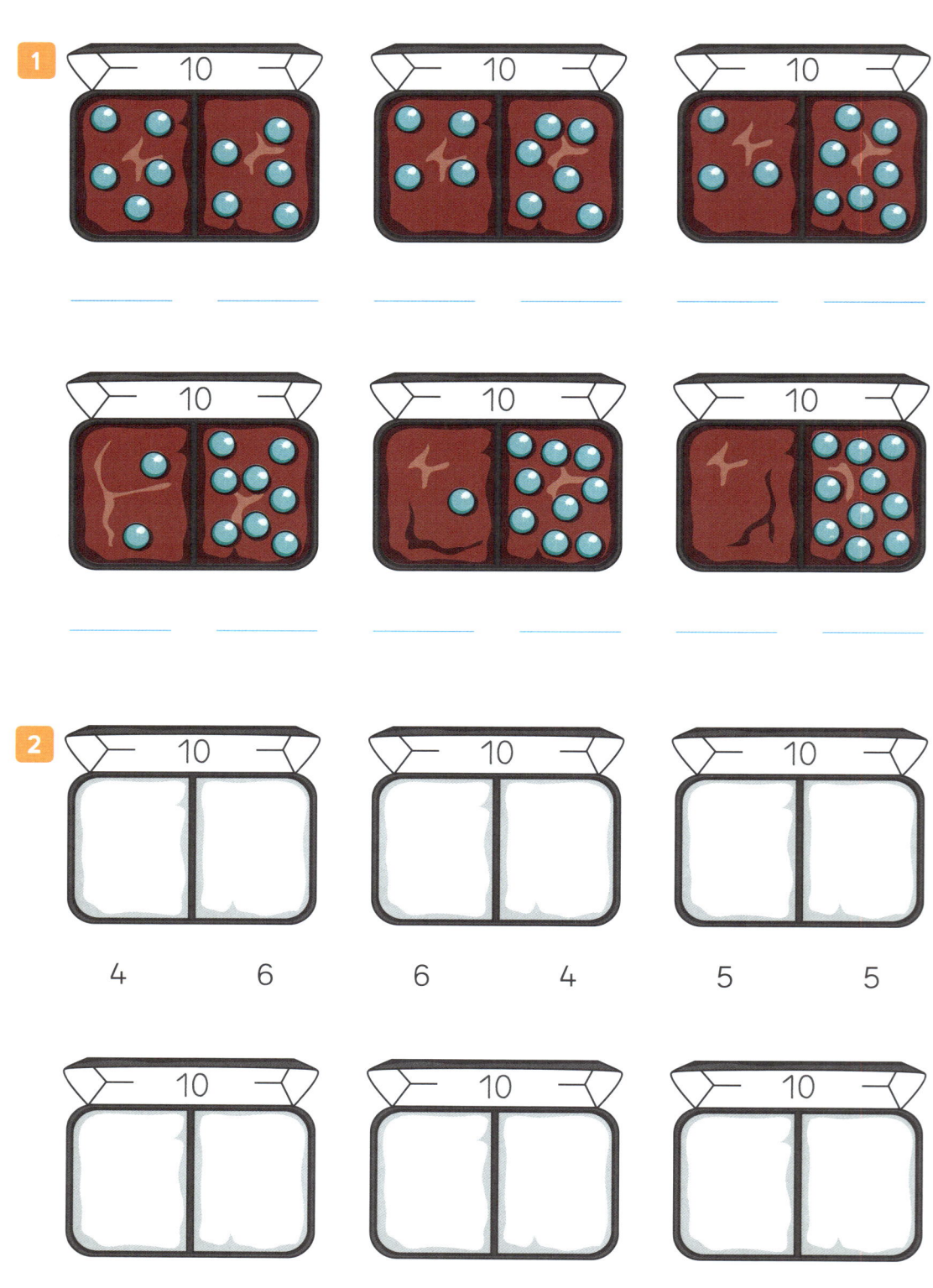

1

10 · 10 · 10

10 · 10 · 10

2

10 · 10 · 10

4   6   6   4   5   5

10 · 10 · 10

3   7   7   3

Inhaltsverzeichnis

Und wer vom Rechnen gar nicht genug bekommen kann:
www.zahlenzorro.de vermittelt Mathe mal anders.

www.zahlenzorro.de

- bietet Aufgaben zu Themen, die Kindern wirklich Spaß machen

- fördert alle mathematischen Kompetenzbereiche in jeder thematischen Aufgabenreihe

- motiviert mit dem persönlichen Punktekonto, mit Bonus-Spielen, Zorrozauber, Sammelbild und Urkunde

- unterstützt mit Statistiken für Aussagen zum individuellen Förder- und Forderbedarf

- Lizenzen für Eltern, Lehrkräfte und Schulen

Zahlenzorro-Einmaleins-App!

Erhältlich im App Store
Google play

NEU: Die Zahlenzorro-Einmaleins-App!

Jetzt www.zahlenzorro.de kostenlos 14 Tage lang kennenlernen!
Einfach Testzugang einrichten.

1 Zähle. Finde Plusaufgaben.

 14

____ + ____ = ____   ____ + ____ = ____

____ + ____ = ____   ____ + ____ = ____

____ + ____ = ____   ____ + ____ = ____

____ + ____ = ____   ____ + ____ = ____

3

10	
0	10
1	9
2	8
3	7

9	

8	

7	

6	

5	

STICKER

1

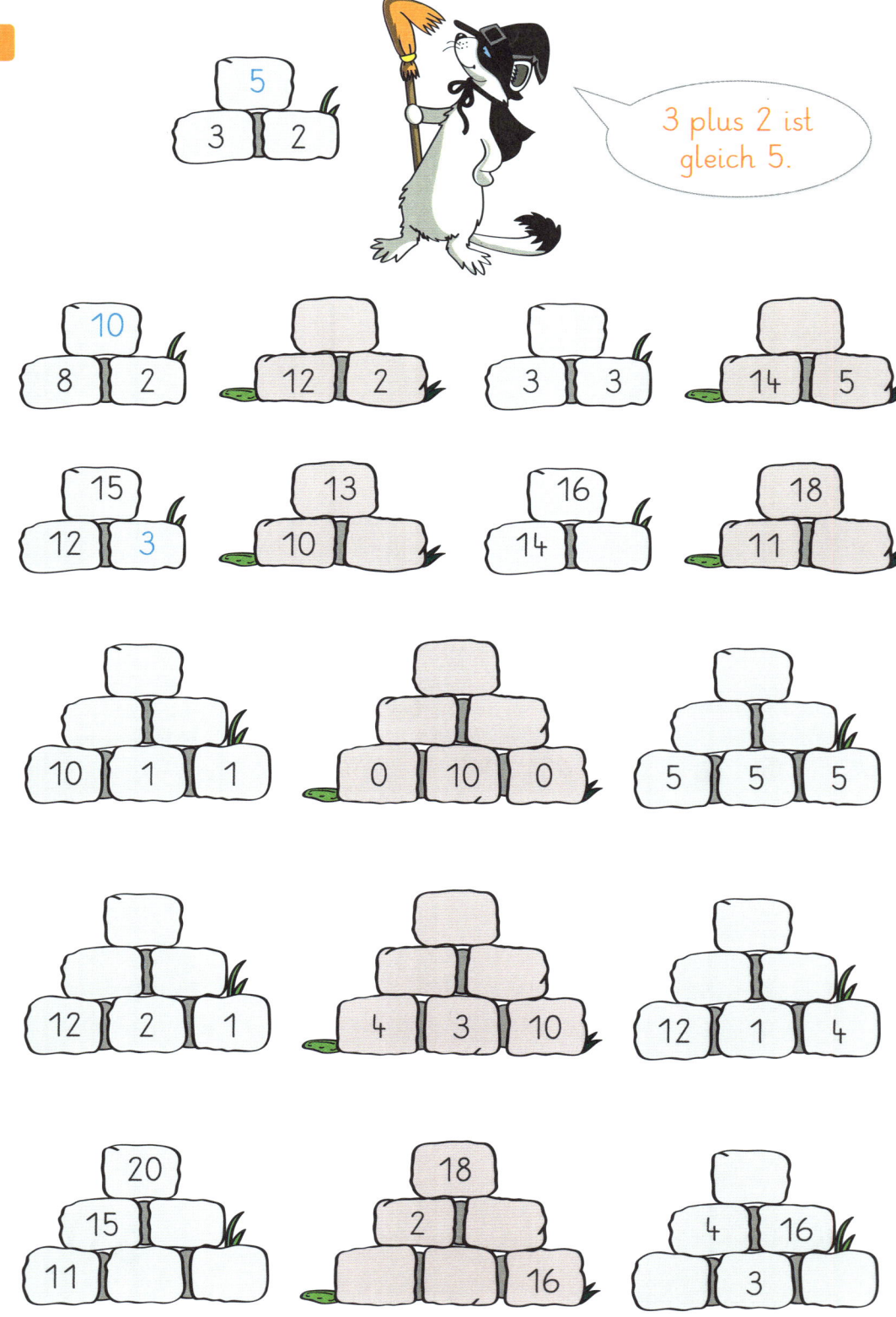

3 plus 2 ist gleich 5.

2

2 + 1 = ____	7 + 2 = ____	4 + 3 = ____
12 + 1 = ____	17 + 2 = ____	14 + 3 = ____
3 + 5 = ____	2 + 6 = ____	8 + 1 = ____
13 + 5 = ____	12 + 6 = ____	18 + 1 = ____
5 − 2 = ____	6 − 1 = ____	8 − 0 = ____
15 − 2 = ____	16 − 1 = ____	18 − 0 = ____
8 − 4 = ____	4 − 4 = ____	7 − 2 = ____
18 − 4 = ____	14 − 4 = ____	17 − 2 = ____

3 Immer zwei Ergebnisse sind gleich.
Male passend an.

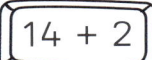 14 + 2

 12 + 7

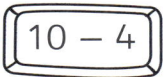 10 − 4

 19 − 0

 10 − 7

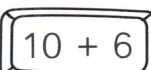 10 + 6

 9 − 3

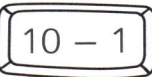 10 − 1

 15 − 2

 14 + 4

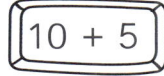 10 + 5

 4 + 5

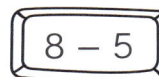 8 − 5

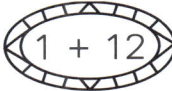 20 − 2

16 − 1

1 + 12

STICKER

1

Number pyramids:

Row 1:
- 12 / 9 , 3
- ☐ / 8 , 5
- ☐ / 9 , 4
- ☐ / 7 , 7

Row 2:
- 12 / ☐ , 11
- 11 / ☐ , 8
- 16 / 8 , ☐
- 15 / ☐ , 9

Row 3:
- ☐ / ☐ , ☐ / 2 , 3 , 2
- ☐ / ☐ , ☐ / 3 , 3 , 3
- ☐ / ☐ , ☐ / 4 , 3 , 4

Row 4:
- ☐ / ☐ , ☐ / 4 , 4 , 4
- ☐ / ☐ , ☐ / 5 , 5 , 5
- ☐ / ☐ , ☐ / 1 , 6 , 6

Row 5:
- 16 / 7 , ☐ / 4 , ☐ , ☐
- 17 / ☐ , 9 / ☐ , ☐ , 6
- 18 / 9 , ☐ / ☐ , ☐ , 6

2

5 + 5 = ____	20 − 10 = ____	10 + 2 = ____
6 + 6 = ____	18 − 9 = ____	11 + 3 = ____
7 + 7 = ____	16 − 8 = ____	12 + 4 = ____
8 + 8 = ____	14 − 7 = ____	13 + 5 = ____
9 + 9 = ____	12 − 6 = ____	14 + 6 = ____

8 + 0 = ____	14 − 3 = ____	16 − 5 = ____
8 + 1 = ____	14 − 4 = ____	16 − 6 = ____
8 + 2 = ____	14 − 5 = ____	16 − 7 = ____
8 + 3 = ____	14 − 6 = ____	16 − 8 = ____
8 + 4 = ____	14 − 7 = ____	16 − 9 = ____

3

−	10	2	5
12			
17			

−	9	12	17
19			
20			

−	13	8	7
13			
15			

+	7	8	3
7			
8			

+	8	9	13
2			
1			

STICKER

1 Umrande:
Quadrate ■ , Rechtecke ▬ , Dreiecke ▲ , Kreise ●

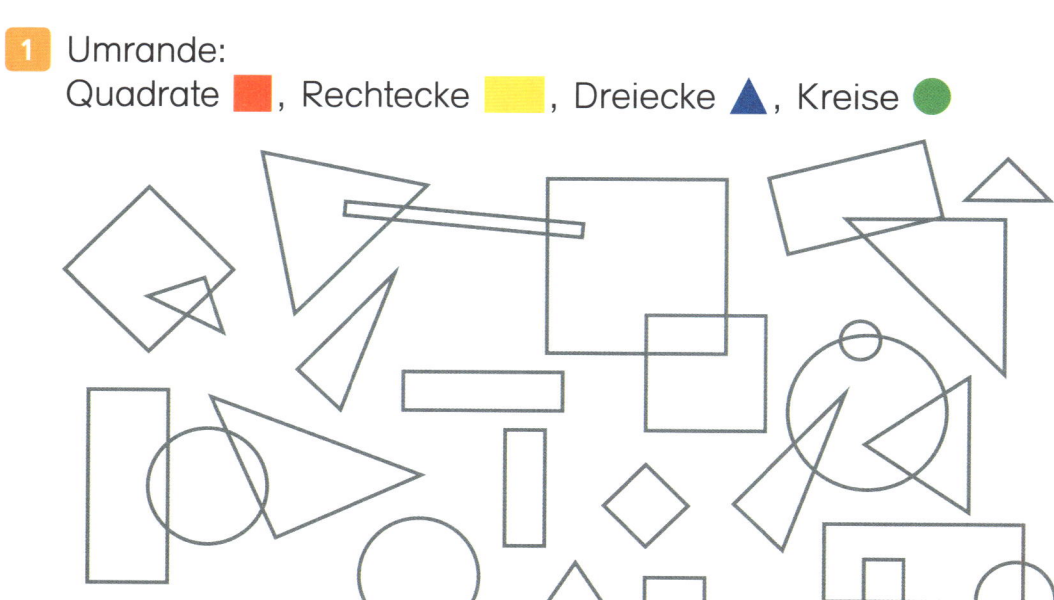

2 Male an: ■ ▬ ▲ ●

3 Welche Formen erkennst du in den Figuren?
Male an. Zähle und trage ein.

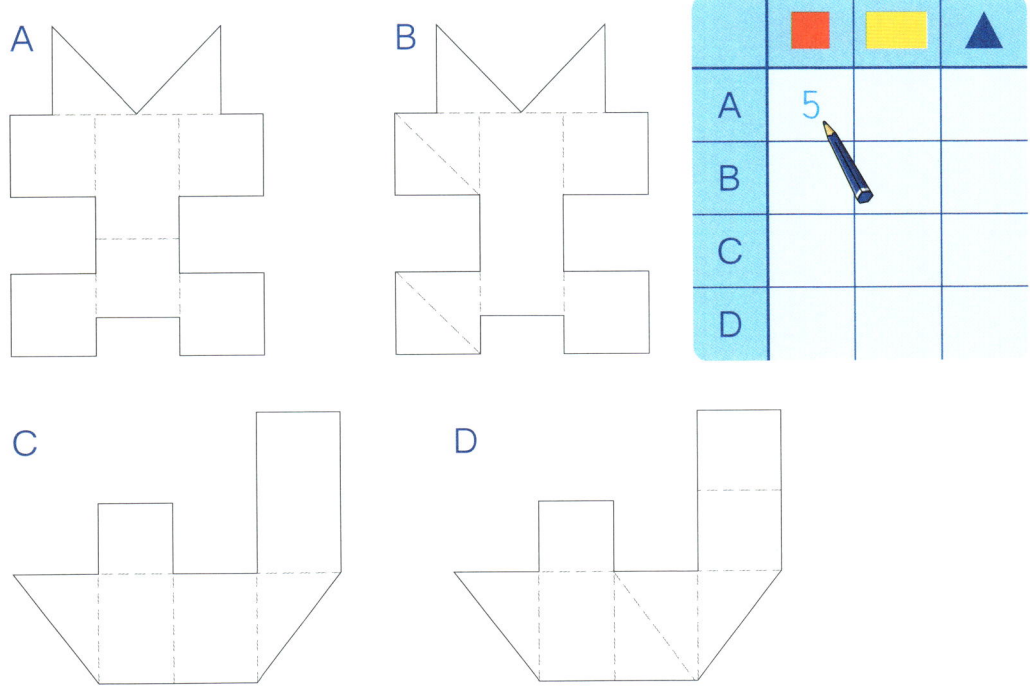

A B

C D

4 Welche Formen erkennst du in den Figuren?
Zeichne ein.

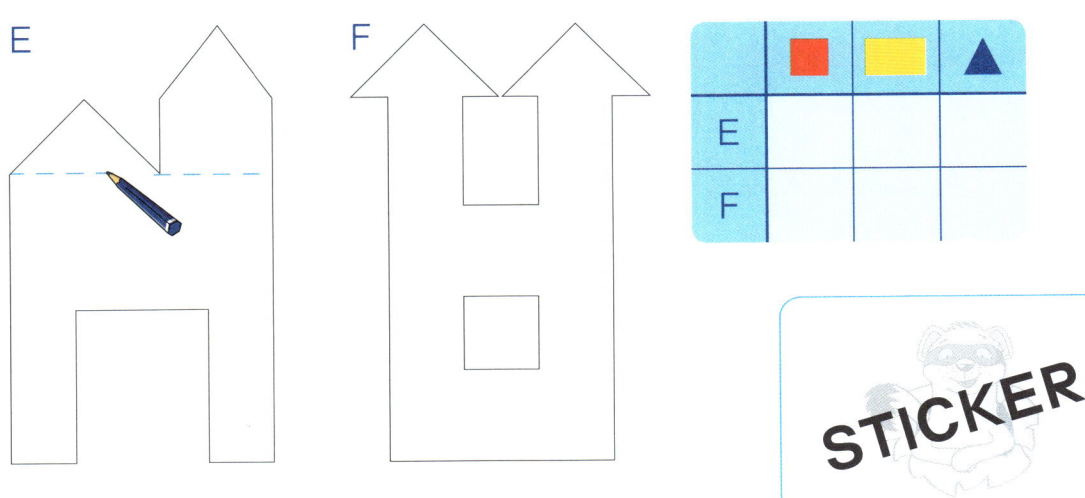

E F

STICKER

1 Male die Kästchen der Hundertertafel so an:

1	2	3	4	5	6	7	8	9	10
11	12	13	14	15	16	17	18	19	20
21	22	23	24	25	26	27	28	29	30
31	32	33	34	35	36	37	38	39	40
41	42	43	44	45	46	47	48	49	50
51	52	53	54	55	56	57	58	59	60
61	62	63	64	65	66	67	68	69	70
71	72	73	74	75	76	77	78	79	80
81	82	83	84	85	86	87	88	89	90
91	92	93	94	95	96	97	98	99	100

 6, 15, 17, 28, 39, 50

 60, 69, 78, 85, 87, 96

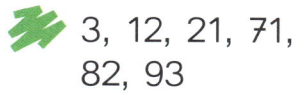 3, 12, 21, 71, 82, 93

 alle, in denen die Ziffer 4 vorkommt

2 Trage die Zahlen der Goldstücke in die Hundertertafel ein.

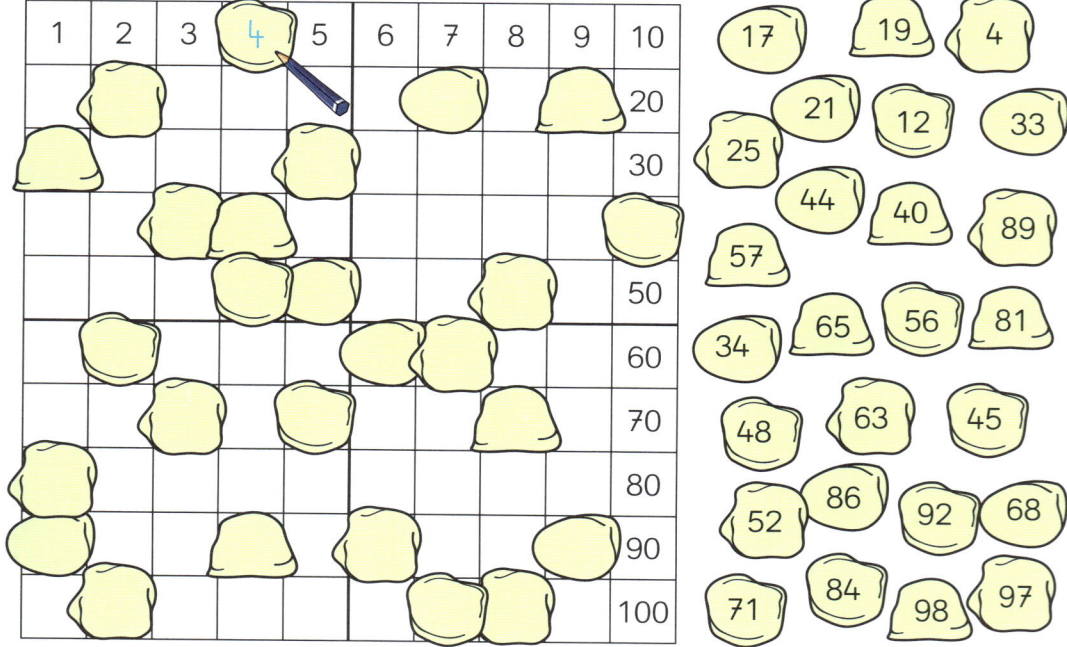

1

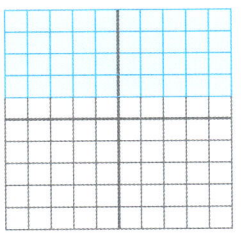 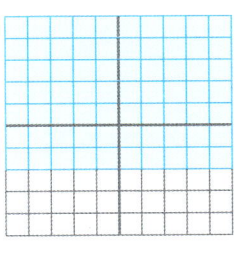 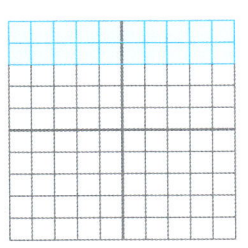 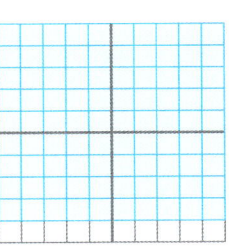

Z	E		Z	E		Z	E		Z	E
4	0	40			___			___			___

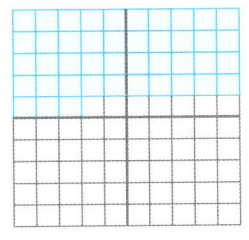 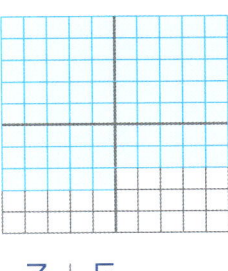 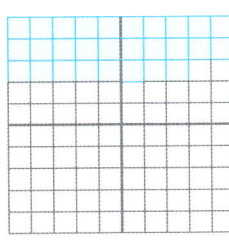 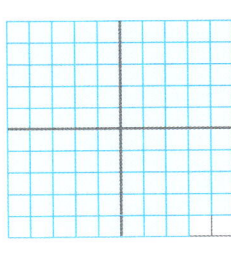

Z	E		Z	E		Z	E		Z	E
		___			___			___			___

2 Male an und schreibe die Zahl.

Z	E		Z	E		Z	E
4	5	___	5	4	___	6	2	___

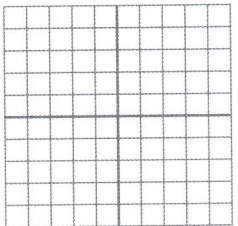 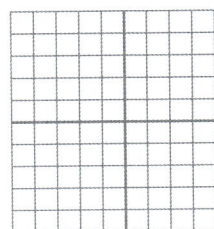 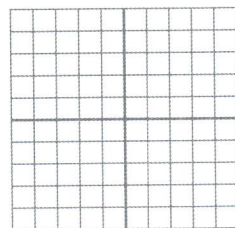

STICKER

1

20 + 20 = _____   22 + 20 = _____   26 + 20 = _____

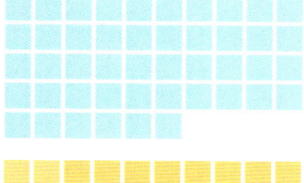
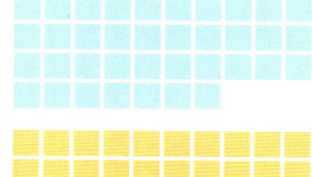
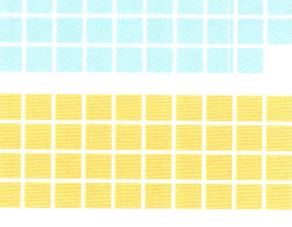

46 + _____ = _____   _____ + _____ = _____   _____ + _____ = _____

_____ + _____ = _____   _____ + _____ = _____   _____ + _____ = _____

2

43 + 10 = _____   61 + 10 = _____   58 + 10 = _____

43 + 20 = _____   61 + 20 = _____   58 + 30 = _____

43 + 30 = _____   61 + 30 = _____   58 + 40 = _____

35 + 30 = _____   34 + 20 = _____   83 + 10 = _____

45 + 30 = _____   54 + 30 = _____   29 + 40 = _____

55 + 30 = _____   74 + 10 = _____   16 + 60 = _____

1

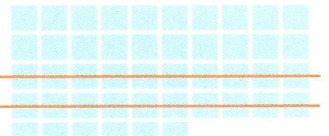

40 − 20 = _____   46 − 20 = _____   44 − 30 = _____

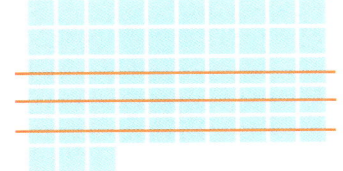

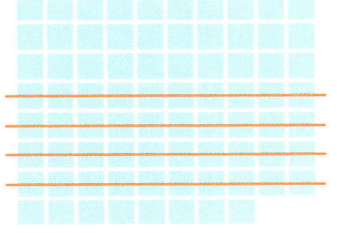

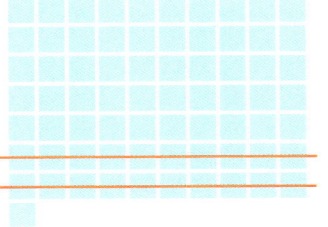

53 − _____ = _____   _____ − _____ = _____   _____ − _____ = _____

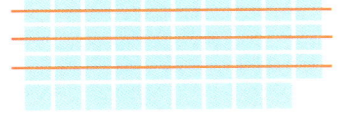

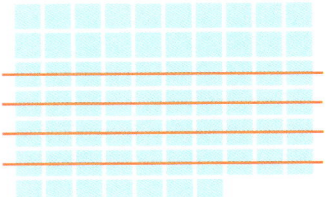

_____ − _____ = _____   _____ − _____ = _____   _____ − _____ = _____

2 43 − 10 = _____   61 − 10 = _____   58 − 10 = _____

43 − 20 = _____   61 − 20 = _____   58 − 30 = _____

43 − 30 = _____   61 − 30 = _____   58 − 40 = _____

35 − 30 = _____   34 − 20 = _____

45 − 30 = _____   54 − 30 = _____

55 − 30 = _____   74 − 10 = _____

STICKER

1

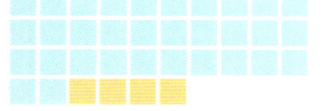

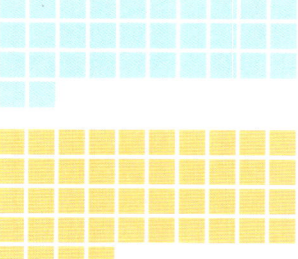

$32 + 4 = \underline{\hspace{1cm}}$

$32 + 24 = \underline{\hspace{1cm}}$

$32 + \underline{\hspace{0.7cm}} = \underline{\hspace{1cm}}$

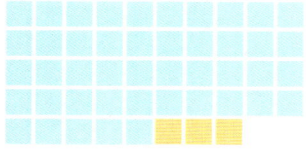

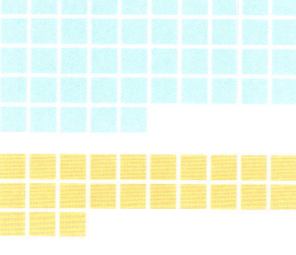

$45 + 3 = \underline{\hspace{1cm}}$

$45 + \underline{\hspace{0.7cm}} = \underline{\hspace{1cm}}$

$\underline{\hspace{0.7cm}} + \underline{\hspace{0.7cm}} = \underline{\hspace{1cm}}$

2

$3 + 2 = \underline{\hspace{1cm}}$

$23 + 2 = \underline{\hspace{1cm}}$

$43 + 2 = \underline{\hspace{1cm}}$

$10 + 7 = \underline{\hspace{1cm}}$

$10 + 17 = \underline{\hspace{1cm}}$

$10 + 27 = \underline{\hspace{1cm}}$

$24 + 5 = \underline{\hspace{1cm}}$

$24 + 15 = \underline{\hspace{1cm}}$

$24 + 35 = \underline{\hspace{1cm}}$

$56 + 12 = \underline{\hspace{1cm}}$

$76 + 12 = \underline{\hspace{1cm}}$

$86 + 12 = \underline{\hspace{1cm}}$

$42 + 14 = \underline{\hspace{1cm}}$

$52 + 14 = \underline{\hspace{1cm}}$

$32 + 14 = \underline{\hspace{1cm}}$

$35 + 22 = \underline{\hspace{1cm}}$

$75 + 22 = \underline{\hspace{1cm}}$

$55 + 22 = \underline{\hspace{1cm}}$

$24 + 15 = \underline{\hspace{1cm}}$

$24 + 14 = \underline{\hspace{1cm}}$

$54 + 13 = \underline{\hspace{1cm}}$

$88 + 1 = \underline{\hspace{1cm}}$

$68 + 21 = \underline{\hspace{1cm}}$

$48 + 41 = \underline{\hspace{1cm}}$

$50 + 25 = \underline{\hspace{1cm}}$

$40 + 24 = \underline{\hspace{1cm}}$

$30 + 23 = \underline{\hspace{1cm}}$

1

34 − 3 = ____   34 − 13 = ____   34 − 23 = ____

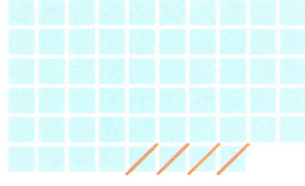
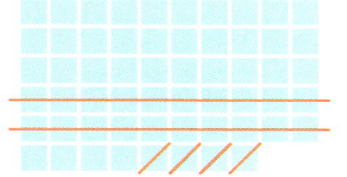
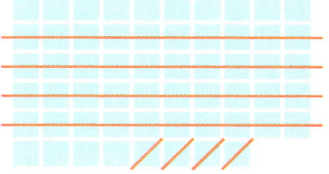

58 − 4 = ____   58 − ____ = ____   ____ − ____ = ____

2

87 − 6 = ____   65 − 2 = ____   78 − 8 = ____
47 − 6 = ____   35 − 2 = ____   78 − 7 = ____
17 − 6 = ____   95 − 2 = ____   78 − 6 = ____

43 −　1 = ____   36 −　4 = ____   94 −　2 = ____
43 − 11 = ____   36 − 24 = ____   94 − 12 = ____
43 − 21 = ____   36 − 34 = ____   94 − 32 = ____

57 − 11 = ____   69 − 17 = ____   82 − 12 = ____
57 − 21 = ____   69 − 27 = ____   72 − 22 = ____
57 − 41 = ____   69 − 37 = ____   62 − 32 = ____

STICKER

1 Wie heißen die Zahlen?

0   10   20   30   40   50

30   40   50   60   70

60   70   80   90   100

2 Schreibe die Zahlen an die richtige Stelle.

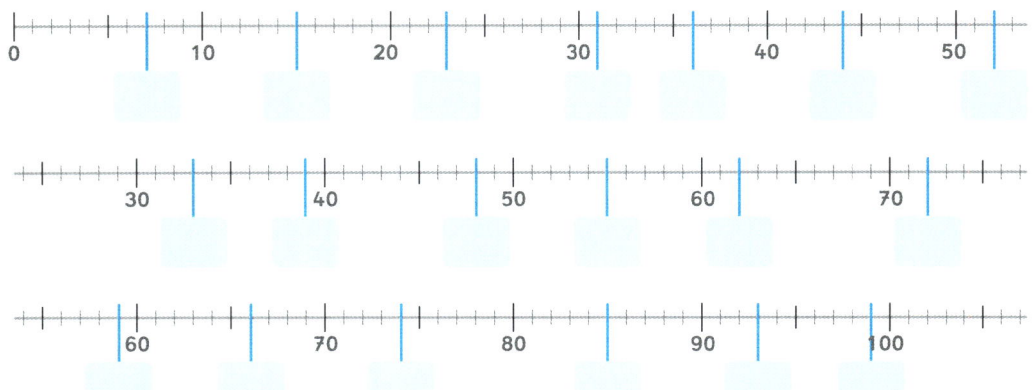

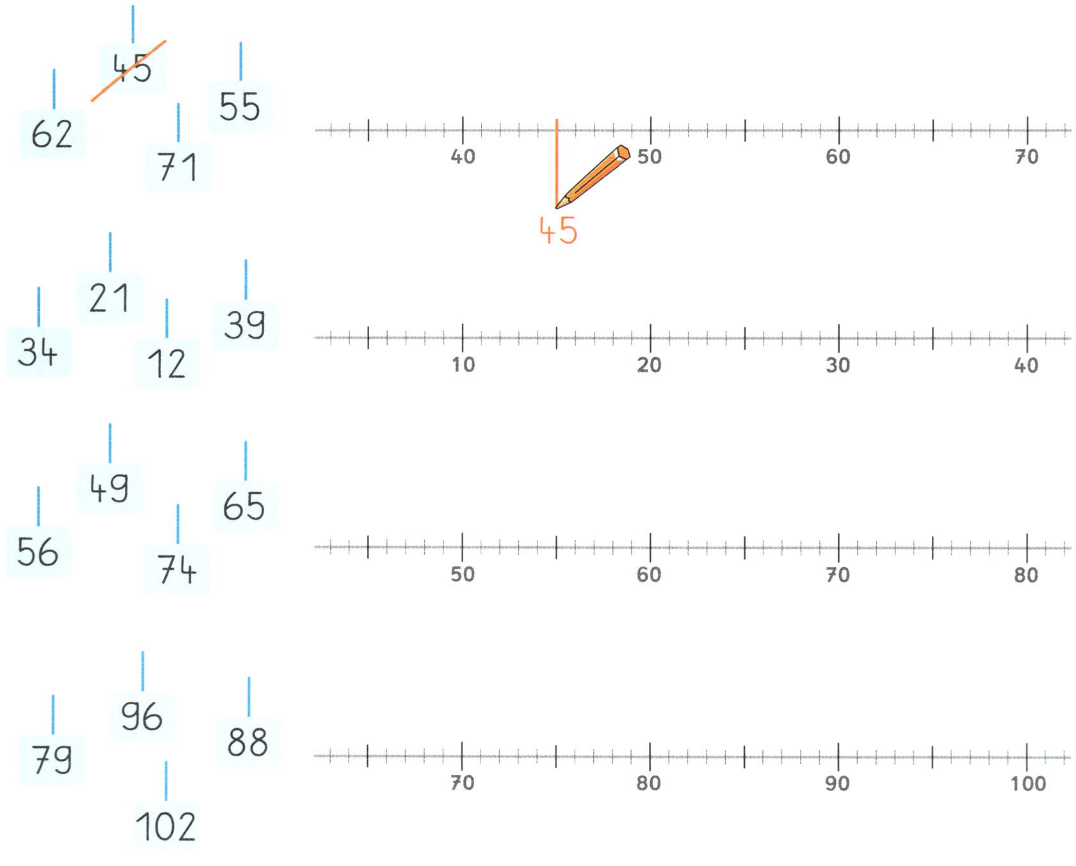

62   45   55   71

40   45   50   60   70

34   21   12   39

10   20   30   40

56   49   74   65

50   60   70   80

79   96   102   88

70   80   90   100

3 Wie geht es weiter? Schreibe die Zahlen.

17, _18_ , ____ , ____ , ____ , ____ , ____ , ____ , ____ , ____ , _27_

37, _38_ , ____ , ____ , ____ , ____ , ____ , ____ , ____ , ____ , _47_

64, _65_ , ____ , ____ , ____ , ____ , ____ , ____ , ____ , ____ , _74_

85, _86_ , ____ , ____ , ____ , ____ , ____ , ____ , ____ , ____ , _95_

4 Nachbarzahlen

5 Nachbarzehner

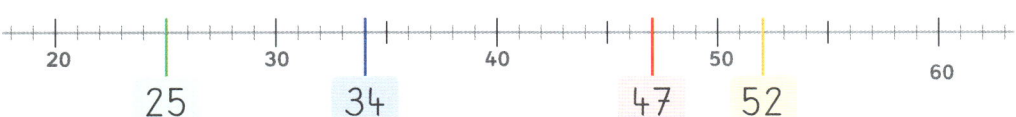

25 liegt zwischen den Zehnern ____ und ____

34 liegt zwischen den Zehnern ____ und ____

47 liegt zwischen den Zehnern ____ und ____

52 liegt zwischen den Zehnern ____ und ____

6 Nachbarzehner

_10_ 17 ____   ____ 73 ____   ____ 96 ____

____ 38 ____   ____ 82 ____   ____ 65 ____

____ 59 ____   ____ 44 ____   ____ 21 ____

STICKER

1

  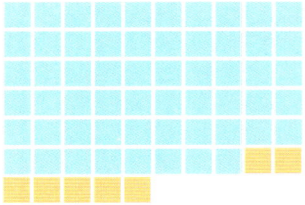

26 + 6 = ____   35 + 8 = ____   58 + 7 = ____

2 Schreibe die Aufgaben. Rechne.

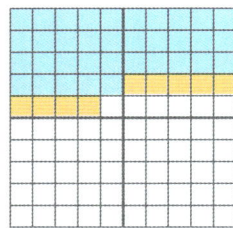 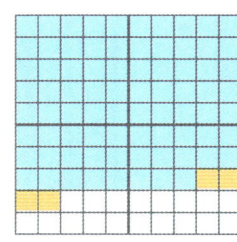 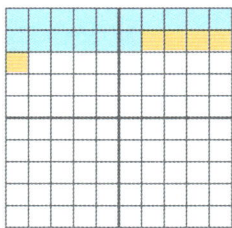 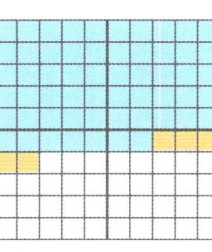

35 + _____   _____   _____

3 Male und rechne.

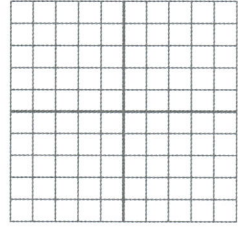 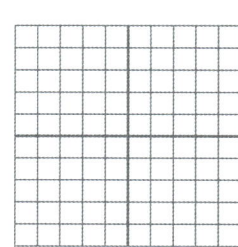 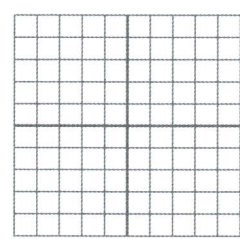 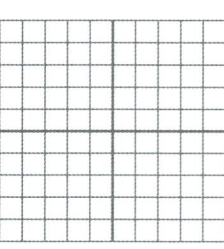

29 + 3 = ____   89 + 3 = ____   43 + 9 = ____   23 + 9 = ____

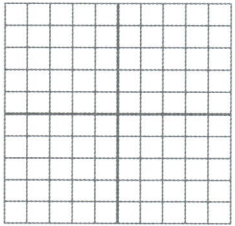 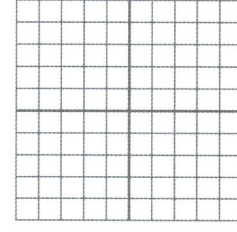 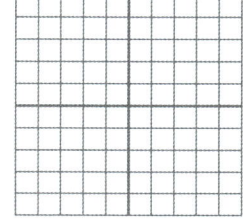 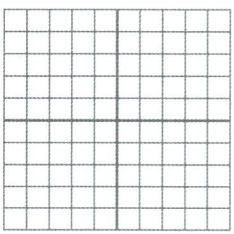

16 + 7 = ____   77 + 7 = ____   56 + 8 = ____   36 + 9 = ____

4 Rechne. Male die Ergebnisfelder grau an.

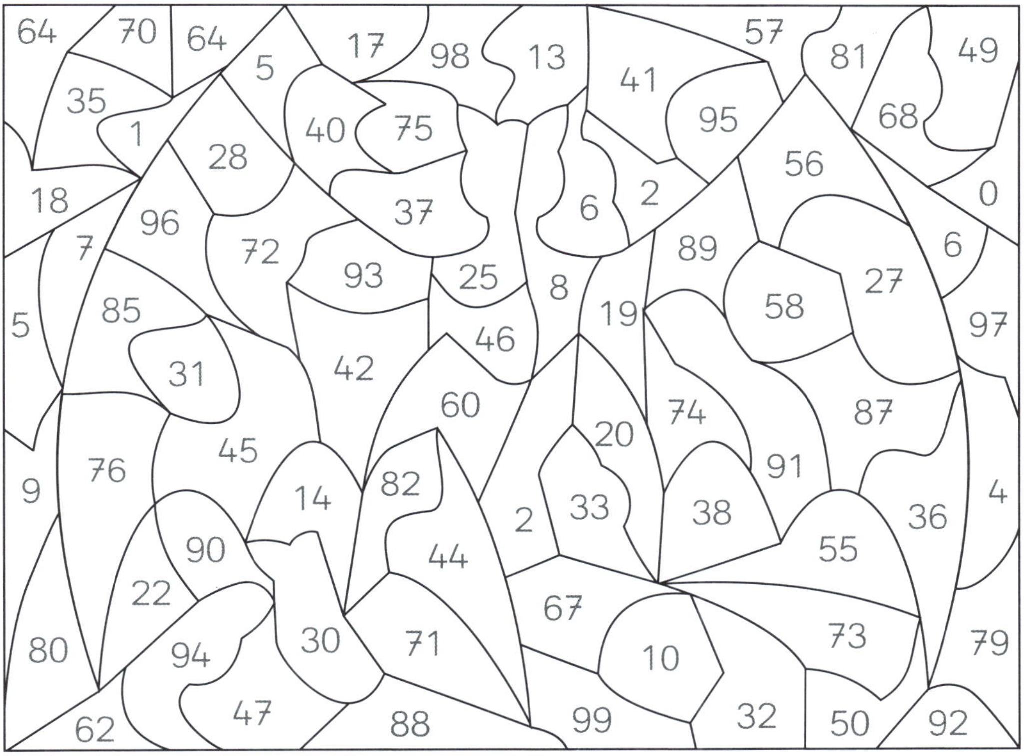

```
64   70   64        17      98      13          57        81       49
          5                         41                 68
35                     40    75              95
    1       28                                    56
18                                                         0
    7    96       72      37         6    2              6
5    85        93    25    8     89        27        97
       31       42        46      19      58
                     60          74      87
       45       60       20          91
9  76        14   82        33    38        36    4
    90              44    2              55
   22                     67
80        30   71          10       73   79
   94
    62       47        88       99      32   50   92
```

36 + 10 = ____   4 + 4 = ____   80 + 9 = ____
36 + 20 = ____   14 + 14 = ____   82 + 9 = ____
36 + 40 = ____   24 + 34 = ____   36 + 9 = ____

68 + 6 = ____   26 + 5 = ____   18 + 7 = ____
74 + 13 = ____   8 + 11 = ____   77 + 8 = ____
61 + 32 = ____   12 + 15 = ____   36 + 6 = ____

54 + 42 = ____
12 + 24 = ____
68 + 4 = ____

1

33 − 4 = _____   43 − 4 = _____   53 − 4 = _____

2 Schreibe die Aufgaben. Rechne.

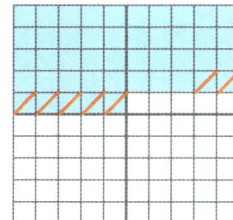 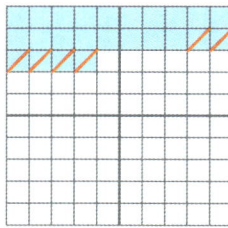 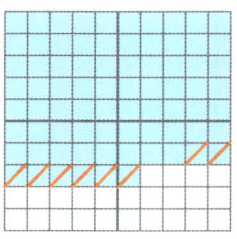 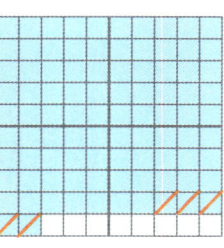

45 − _____   _____   _____   _____

3 Male. Streiche weg und rechne.

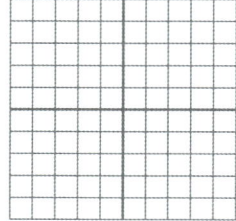 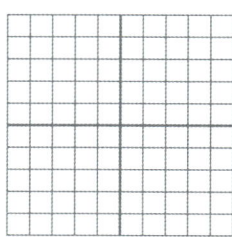 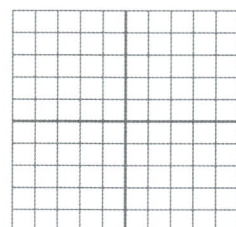 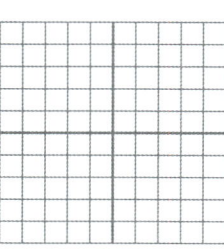

54 − 6 = _____   34 − 7 = _____   74 − 8 = _____   24 − 9 = _____

 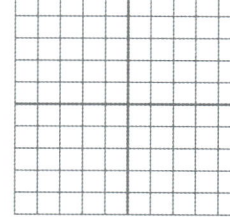 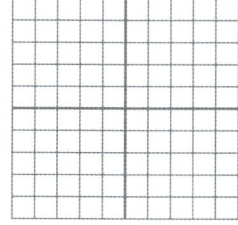 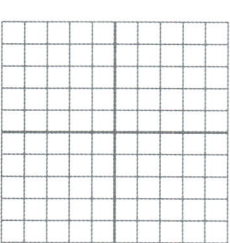

41 − 4 = _____   92 − 4 = _____   23 − 6 = _____   63 − 5 = _____

4 In welche Schatzkiste gehören welche Edelsteine?
Male passend an.

der Zehner bleibt

über den Zehner

63 – 4

94 – 2

38 – 3

58 – 6

47 – 6

33 – 8

77 – 2

82 – 5

42 – 6

67 – 8

75 – 3

61 – 2

84 – 7

5 Wie heißen die Lösungswörter? Rechne.
Zu jedem Ergebnis gehört ein Buchstabe.

23	28	31	44	46	58	63	67	72	74	75	82	92
L	I	O	G	Z	N	E	R	P	D	M	H	F

100 – 8 = ____ ____

70 – 7 = ____ ____

72 – 9 = ____

80 – 8 = ____ ____

71 – 4 = ____ ____

33 – 5 = ____ ____

67 – 9 = ____ ____

52 – 6 = ____

56 – 12 = ____ ____

52 – 21 = ____ ____

53 – 30 = ____ ____

85 – 11 = ____

97 – 15 = ____ ____

74 – 11 = ____ ____

45 – 22 = ____ ____

97 – 22 = ____

STICKER

1 Die Prinzen Edmund und Simon haben 100 € in ihrer Schatztruhe. Edmund hat 50 € hineingelegt.

Frage: Wie viel Euro hat Prinz Simon in die Schatztruhe gelegt?

Antwort: Prinz Simon hat ＿＿ € in die Schatztruhe gelegt.

2 Prinz Antonio hat 70 €. Er kauft für 35 € Zaumzeug.

Frage: Wie viel Euro hat Prinz Antonio jetzt noch?

Antwort: Prinz Antonio hat jetzt noch ＿＿ €.

3 Prinzessin Rosa kauft für 53 € Schmuck. Nun hat sie noch 27 €.

Frage: Wie viel Geld hatte Prinzessin Rosa am Anfang?

Rechne: ＿＿ € – 5 3 € = 2 7 €   oder:

oder: 2 7 € + 5 3 € = ＿＿ €

Antwort: Prinzessin Rosa hatte vorher ＿＿ €.

4

Prinz Hugo kauft eine Fahne für _____ € und einen Helm für _____ €.

Er muss _____ € bezahlen.

Prinz Simon kauft zwei Kettenhemden für je _____ €.

Er muss _____ € bezahlen.

Prinzessin Rosa kauft zwei Perlenketten für je _____ €.

Sie muss _____ € bezahlen.

Prinzessin Lila kauft ein Kleid für _____ € und Schuhe für _____ €.

Sie muss _____ € bezahlen.

Prinz Antonio bezahlt genau 20 €.
Was hat er gekauft? Er hat _____

_____

gekauft.

STICKER

1 Rechne jeweils eine Plusaufgabe und eine Malaufgabe.

4 + 4 + 4 = _____   3 + 3 + 3 + 3 = _____   6 + 6 = _____

3 · 4 = _____   4 · 3 = _____   2 · 6 = _____

_____   _____   _____

_____   _____   _____

2 Schreibe Plusaufgabe und Malaufgabe. Rechne.

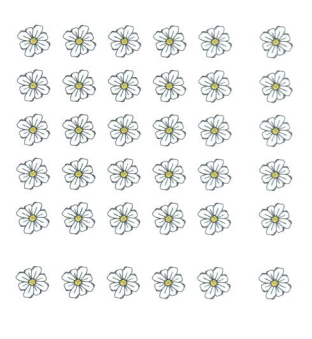

3 + 3 + 3 + 3 + 3   _____   _____

5 · 3 =   _____   _____

3 Was gehört zusammen? Rechne und verbinde.

$2 + 2 + 2 =$ _____
$3 \cdot 2 =$ _____

$5 + 5 =$ _____
$2 \cdot 5 =$ _____

$5 + 5 + 5 + 5 =$ _____
$4 \cdot 5 =$ _____

$6 + 6 + 6 + 6 =$ _____
$4 \cdot 6 =$ _____

4

$3 + 3 + 3 + 3 + 3 + 3 =$ _____

_____ $\cdot$ _____ $=$ _____

$4 + 4 + 4 + 4 =$ _____

_____ $\cdot$ _____ $=$ _____

$6 + 6 + 6 =$ _____

_____ $\cdot$ _____ $=$ _____

$4 + 4 + 4 + 4 + 4 =$ _____

_____ $\cdot$ _____ $=$ _____

STICKER

1 Schreibe und rechne die Malaufgaben.

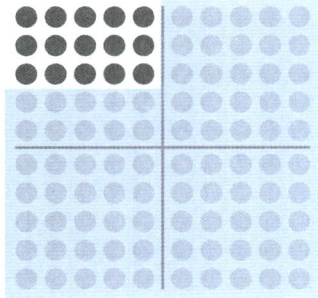
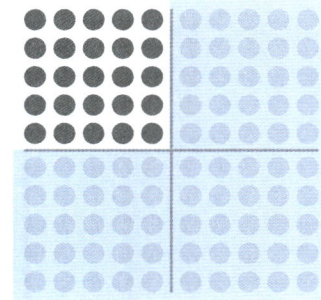
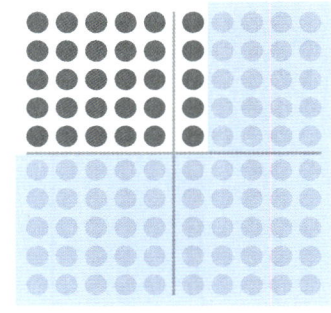

$3 \cdot 5 =$ _____ $5 \cdot 5 =$ _____ $5 \cdot 6 =$ _____

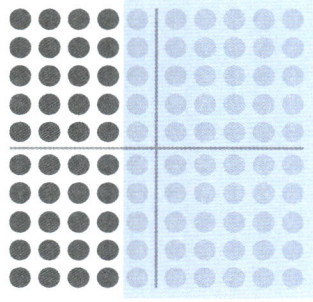
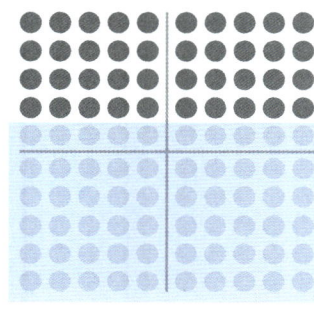
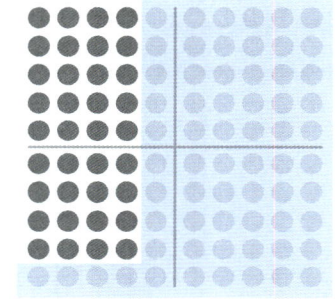

$10 \cdot 4 =$ _____ $4 \cdot 10 =$ _____ $9 \cdot 4 =$ _____

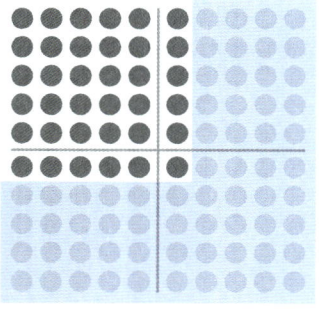
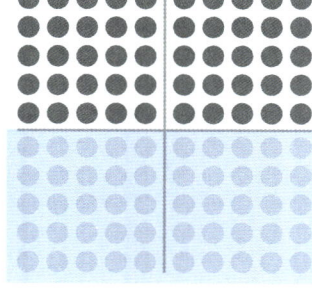
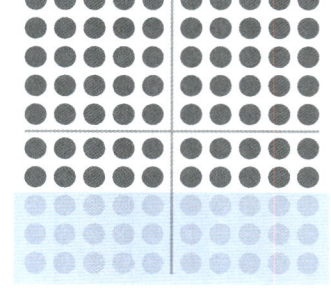

_____   _____   _____

2 Kreise die Malaufgaben ein. Rechne.

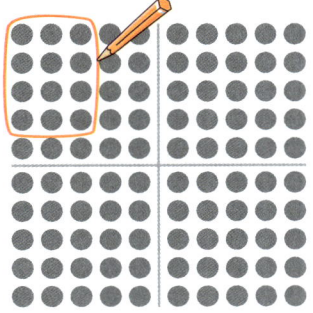

4 · 3 = ____

5 · 3 = ____

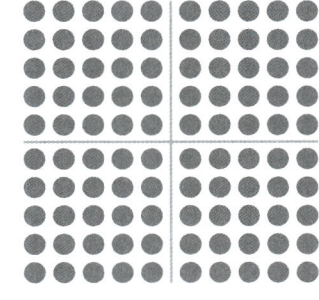

10 · 3 = ____

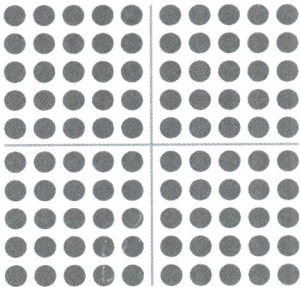

2 · 4 = ____

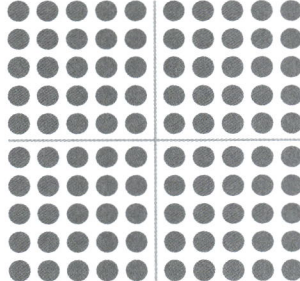

10 · 5 = ____

5 · 10 = ____

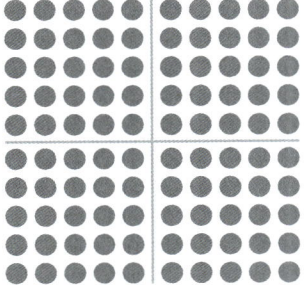

6 · 10 = ____

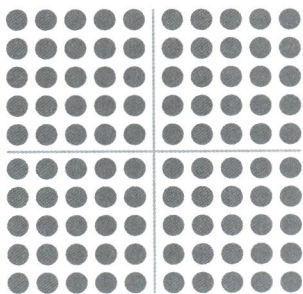

8 · 10 = ____

1 Zeichne und rechne.

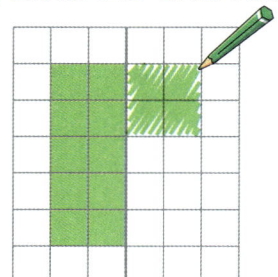 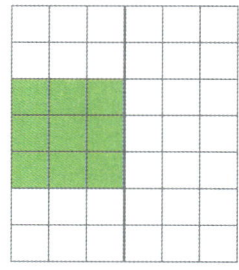 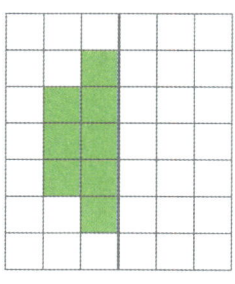

2 · 10 = _____   2 · 9 = _____   2 · _____ = _____

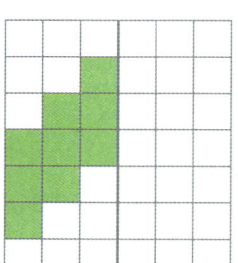 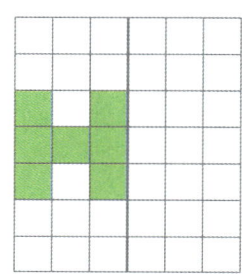 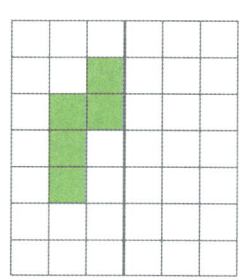

_____   _____   _____

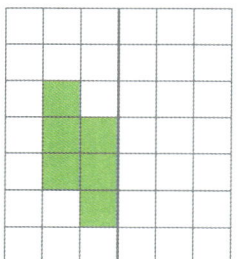 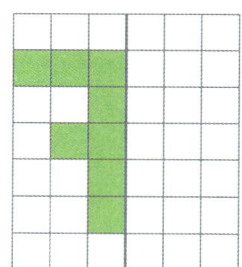 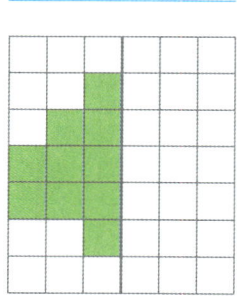

_____   _____   _____

2

die Zahl	1	2	3	4	5	6	7	8	9	10
das Doppelte	2									

die Zahl	10	20	30	40	50
das Doppelte					

1 Halbiere und rechne.

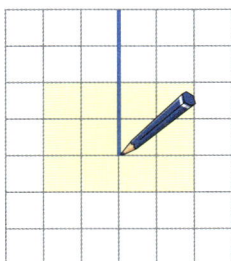

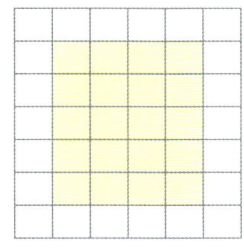

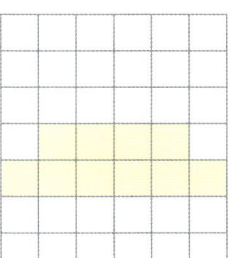

12 = 2 · _____   20 = 2 · _____   _____

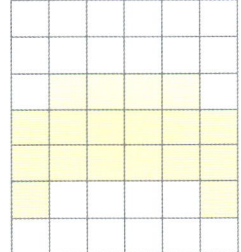

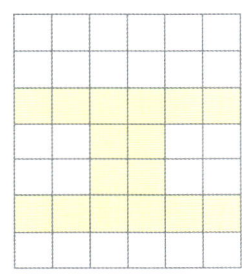

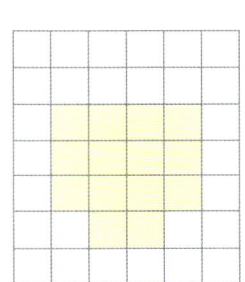

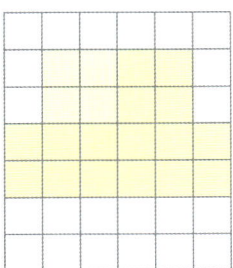

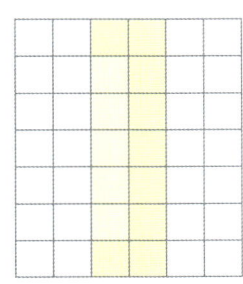

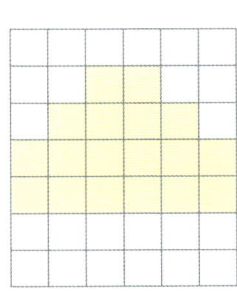

2

die Zahl	2	4	6	8	10	12	14	16	18	20
die Hälfte	1									

die Zahl	20	40	60	80	100
die Hälfte					

1 Wie heißen die Zahlen? Trage ein.

2 Immer zwei Ergebnisse sind gleich.
Male in derselben Farbe an.

10 · 4 = ____

10 · 1 = ____

3 · 10 = ____

1 · 10 = ____

4 · 10 = ____

10 · 2 = ____

10 · 5 = ____

10 · 3 = ____

5 · 10 = ____

2 · 10 = ____

3

·	10
1	
2	
3	
4	
5	
6	
7	
8	
9	
10	

Liebe Eltern, liebe Lehrerinnen und Lehrer,

die Zahlenzorro-Heftreihe bietet eine lehrwerksunabhängige Möglichkeit, die Lerninhalte des Faches Mathematik der Klassenstufen 1 bis 4 selbstständig zu üben und zu vertiefen. Differenzierend und selbsterklärend angelegt, eignen sich die Hefte als Zusatzmaterial im Unterricht, in Förder- und Fordergruppen oder auch für das Üben am Nachmittag.

Konzipiert auf drei verschiedenen Niveaustufen, kann je nach individuellem Lernstand und Bedürfnis der Schülerinnen und Schüler das entsprechende Heft ausgewählt werden. Jedes Heft deckt dabei die wesentlichen Lehrplaninhalte ab. So ist der Unterrichtsstoff einer Klassenstufe alternativ entweder als Basisheft, Förderheft oder Forderheft erhältlich:

Die **Basishefte** beinhalten den kompletten Lernstoff einer Klassenstufe. Ihre Aufgaben entsprechen vom Niveau einem normalen, mittleren Schwierigkeitsgrad. Gibt es zu einem Aufgabenbereich weiterführende, kniffligere Aufgaben, werden sie durch das Symbol der **„Zorro-Maske"** gekennzeichnet, welches dann vor der Aufgabe steht.

Die **Förderhefte** richten ihren Fokus auf die strukturierte Erarbeitung von Grundaufgaben, die verstärkt veranschaulicht werden sowie auf das gezielte Üben von Rechenwegen. Grundlegende Verfahren und Inhalte erhalten somit besonders viel Raum, wobei dennoch alle erforderlichen Lernbereiche abgedeckt werden. Auf anspruchsvolle und knifflige Zusatzaufgaben wird in diesen Heften aber verzichtet.

Die **Forderhefte** enthalten gezielt anspruchsvollere Aufgaben zum Weiterdenken und Knobeln und regen dadurch in besonderem Maß zum kreativen Problemlösen an. Sie verzichten auf das ausgiebige Erarbeiten kleinschrittiger Rechenwege und fordern die Kinder dazu heraus, den für sie und die jeweilige Aufgabe besten Weg zur Lösung selbst zu wählen und zu finden. Auch hier werden die verschiedenen Lerninhalte des Lehrplans behandelt, aber durchgehend auf einem erhöhten Niveau.

ZAHLEN ZORRO
Das Heft

Daumenkino-Aufkleber

S. 5

S. 7

S. 9

S. 11

S. 13

S. 15

S. 17

S. 19

S. 21

S. 23

S. 25

S. 27

S. 29

S. 31

S. 33

Lösungen zum Zahlenzorro Förderheft 2

(Beispiellösungen)

1 Zähle. Finde Plusaufgaben.

 14

$8 + 6 = 14$

🎒 13

$6 + 7 = 13$

🐉 5

$1 + 4 = 5$

🕷 19

$13 + 6 = 19$

❀ 20

$4 + 16 = 20$

〰 20

$9 + 11 = 20$

🏰 5

$3 + 2 = 5$

● 20

$14 + 6 = 20$

(Beispiellösungen)

2 Finde Rechenaufgaben.

$20 - 7 = 13$

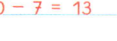

$19 - 6 = 13$

$6 + 3 = 9$

$4 + 2 = 6$

$8 + 5 = 13$

$2 + 2 = 4$

$13 - 7 = 6$

$3 + 1 = 4$

1

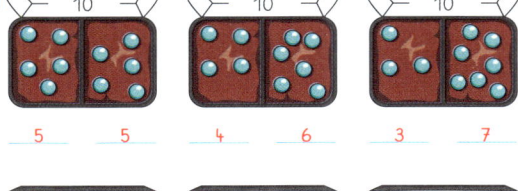

10		10		10	
5	5	4	6	3	7

10		10		10	
2	8	1	9	0	10

2

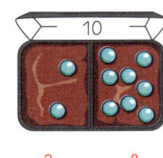 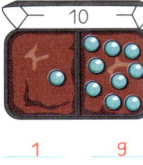 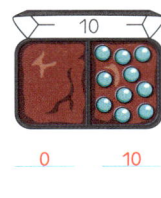

10		10		10	
4	6	6	4	5	5

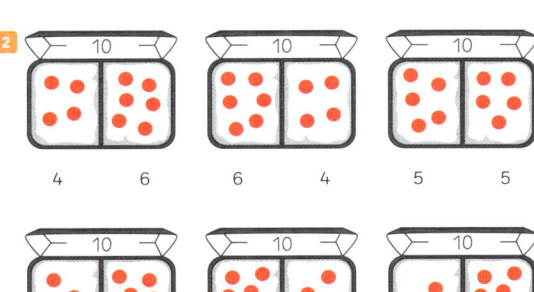

10		10		10	
3	7	7	3	2	8

3

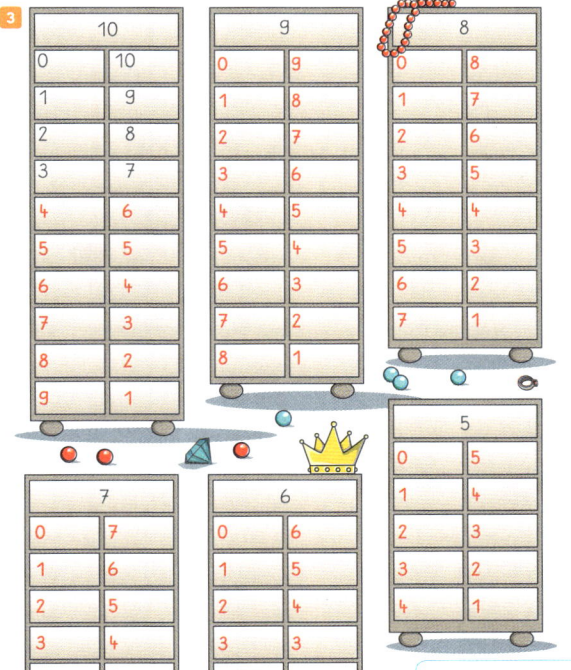

10		9		8	
0	10	0	9	0	8
1	9	1	8	1	7
2	8	2	7	2	6
3	7	3	6	3	5
4	6	4	5	4	4
5	5	5	4	5	3
6	4	6	3	6	2
7	3	7	2	7	1
8	2	8	1		
9	1				

7		6		5	
0	7	0	6	0	5
1	6	1	5	1	4
2	5	2	4	2	3
3	4	3	3	3	2
4	3	4	2	4	1
5	2	5	1		
6	1				

STICKER

1

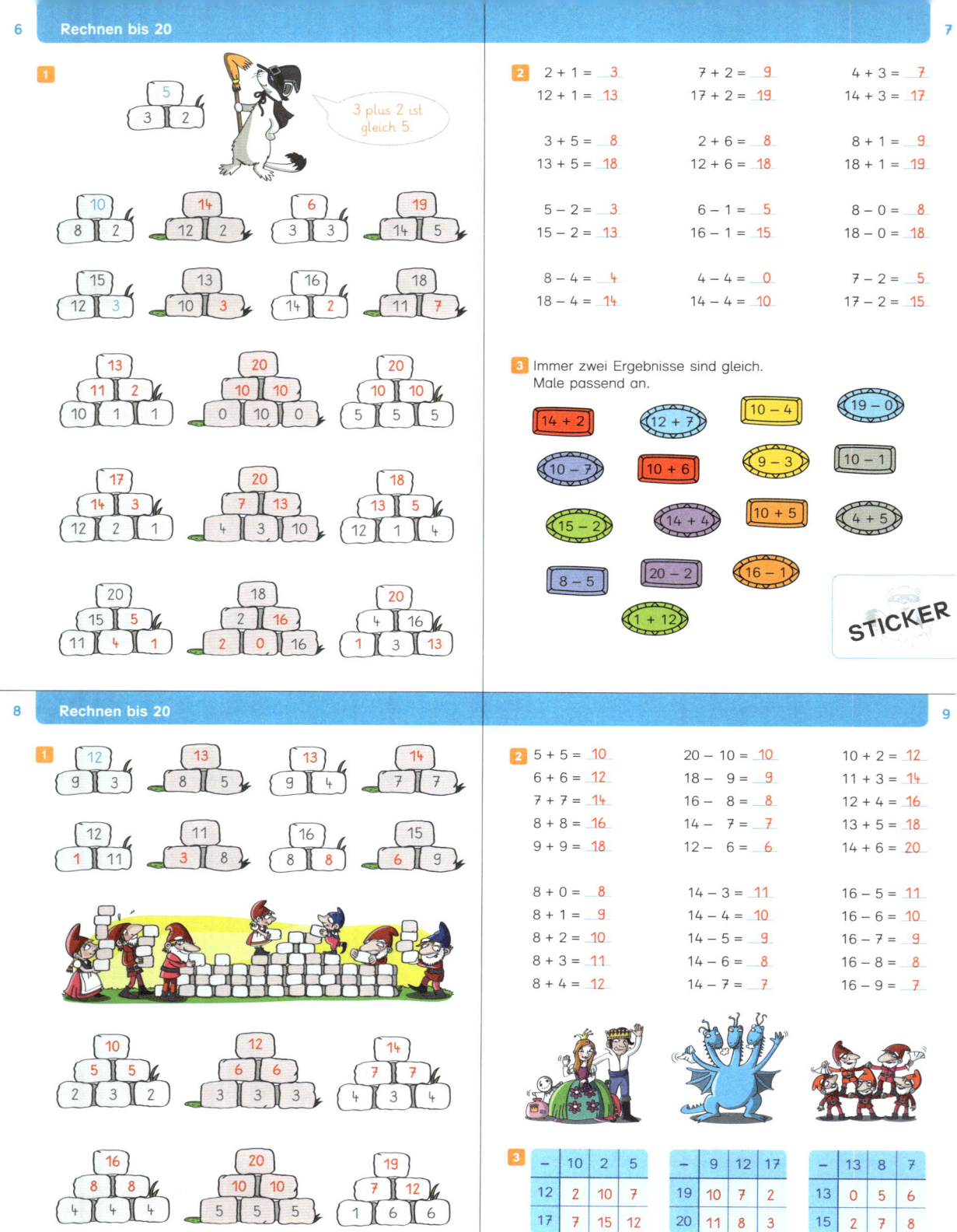

Speech bubble: „3 plus 2 ist gleich 5."

Pyramid: 5 / 3 · 2

10	14	6	19
8 · 2	12 · 2	3 · 3	14 · 5

15	13	16	18
12 · 3	10 · 3	14 · 2	11 · 7

- 13 / 11 · 2 / 10 · 1 · 1
- 20 / 10 · 10 / 0 · 10 · 0
- 20 / 10 · 10 / 5 · 5 · 5

- 17 / 14 · 3 / 12 · 2 · 1
- 20 / 7 · 13 / 4 · 3 · 10
- 18 / 13 · 5 / 12 · 1 · 4

- 20 / 15 · 5 / 11 · 4 · 1
- 18 / 2 · 16 / 2 · 0 · 16
- 20 / 4 · 16 / 1 · 3 · 13

2

2 + 1 = 3	7 + 2 = 9	4 + 3 = 7
12 + 1 = 13	17 + 2 = 19	14 + 3 = 17
3 + 5 = 8	2 + 6 = 8	8 + 1 = 9
13 + 5 = 18	12 + 6 = 18	18 + 1 = 19
5 − 2 = 3	6 − 1 = 5	8 − 0 = 8
15 − 2 = 13	16 − 1 = 15	18 − 0 = 18
8 − 4 = 4	4 − 4 = 0	7 − 2 = 5
18 − 4 = 14	14 − 4 = 10	17 − 2 = 15

3 Immer zwei Ergebnisse sind gleich. Male passend an.

14 + 2   12 + 7   10 − 4   19 − 0
10 − 7   10 + 6   9 − 3   10 − 1
15 − 2   14 + 4   10 + 5   4 + 5
8 − 5   20 − 2   16 − 1
1 + 12

STICKER

1

12	13	13	14
9 · 3	8 · 5	9 · 4	7 · 7

12	11	16	15
1 · 11	3 · 8	8 · 8	6 · 9

- 10 / 5 · 5 / 2 · 3 · 2
- 12 / 6 · 6 / 3 · 3 · 3
- 14 / 7 · 7 / 4 · 3 · 4

- 16 / 8 · 8 / 4 · 4 · 4
- 20 / 10 · 10 / 5 · 5 · 5
- 19 / 7 · 12 / 1 · 6 · 6

- 16 / 7 · 9 / 4 · 3 · 6
- 17 / 8 · 9 / 5 · 3 · 6
- 18 / 9 · 9 / 6 · 3 · 6

2

5 + 5 = 10	20 − 10 = 10	10 + 2 = 12
6 + 6 = 12	18 − 9 = 9	11 + 3 = 14
7 + 7 = 14	16 − 8 = 8	12 + 4 = 16
8 + 8 = 16	14 − 7 = 7	13 + 5 = 18
9 + 9 = 18	12 − 6 = 6	14 + 6 = 20
8 + 0 = 8	14 − 3 = 11	16 − 5 = 11
8 + 1 = 9	14 − 4 = 10	16 − 6 = 10
8 + 2 = 10	14 − 5 = 9	16 − 7 = 9
8 + 3 = 11	14 − 6 = 8	16 − 8 = 8
8 + 4 = 12	14 − 7 = 7	16 − 9 = 7

3

−	10	2	5
12	2	10	7
17	7	15	12

−	9	12	17
19	10	7	2
20	11	8	3

−	13	8	7
13	0	5	6
15	2	7	8

+	7	8	3
7	14	15	10
8	15	16	11

+	8	9	13
2	10	11	15
1	9	10	14

STICKER

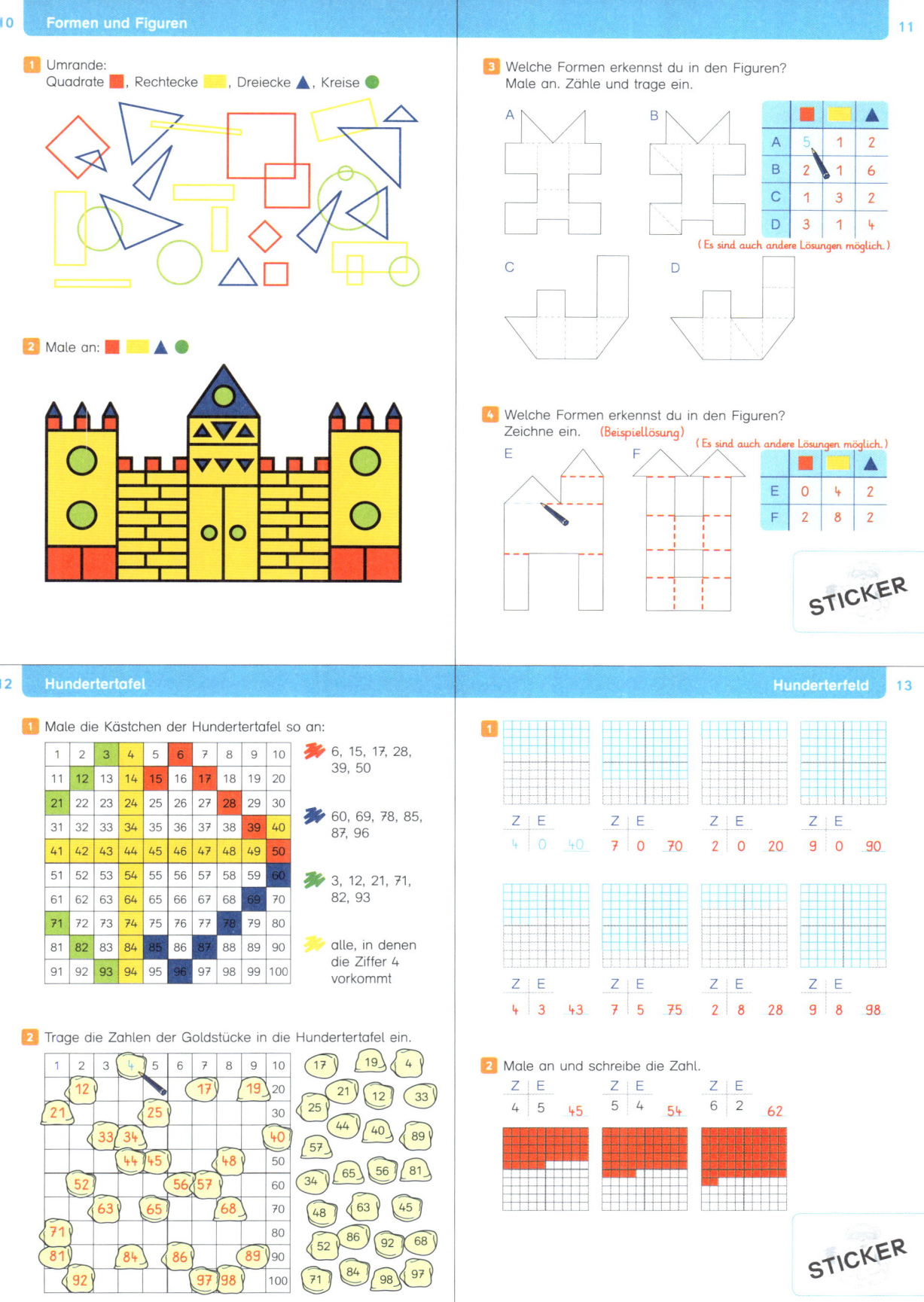

1 Umrande:
Quadrate ■, Rechtecke ■, Dreiecke ▲, Kreise ●

2 Male an: ■ ■ ▲ ●

3 Welche Formen erkennst du in den Figuren?
Male an. Zähle und trage ein.

A   B

	■	▢	▲
A	5	1	2
B	2	1	6
C	1	3	2
D	3	1	4

(Es sind auch andere Lösungen möglich.)

C   D

4 Welche Formen erkennst du in den Figuren?
Zeichne ein. (Beispiellösung)   (Es sind auch andere Lösungen möglich.)

E   F

	■	▢	▲
E	0	4	2
F	2	8	2

STICKER

1 Male die Kästchen der Hundertertafel so an:

1	2	3	4	5	6	7	8	9	10
11	12	13	14	15	16	17	18	19	20
21	22	23	24	25	26	27	28	29	30
31	32	33	34	35	36	37	38	39	40
41	42	43	44	45	46	47	48	49	50
51	52	53	54	55	56	57	58	59	60
61	62	63	64	65	66	67	68	69	70
71	72	73	74	75	76	77	78	79	80
81	82	83	84	85	86	87	88	89	90
91	92	93	94	95	96	97	98	99	100

6, 15, 17, 28, 39, 50

60, 69, 78, 85, 87, 96

3, 12, 21, 71, 82, 93

alle, in denen die Ziffer 4 vorkommt

2 Trage die Zahlen der Goldstücke in die Hundertertafel ein.

1

Z	E	
4	0	40
7	0	70
2	0	20
9	0	90

Z	E	
4	3	43
7	5	75
2	8	28
9	8	98

2 Male an und schreibe die Zahl.

Z	E	
4	5	45
5	4	54
6	2	62

STICKER

1

$20 + 20 = 40$ $22 + 20 = 42$ $26 + 20 = 46$

$46 + 20 = 66$ $37 + 30 = 67$ $29 + 40 = 69$

$58 + 10 = 68$ $15 + 40 = 55$ $21 + 30 = 51$

2
$43 + 10 = 53$ $61 + 10 = 71$ $58 + 10 = 68$
$43 + 20 = 63$ $61 + 20 = 81$ $58 + 30 = 88$
$43 + 30 = 73$ $61 + 30 = 91$ $58 + 40 = 98$

$35 + 30 = 65$ $34 + 20 = 54$ $83 + 10 = 93$
$45 + 30 = 75$ $54 + 30 = 84$ $29 + 40 = 69$
$55 + 30 = 85$ $74 + 10 = 84$ $16 + 60 = 76$

1

$40 - 20 = 20$ $46 - 20 = 26$ $44 - 30 = 14$

$53 - 30 = 23$ $78 - 40 = 38$ $71 - 20 = 51$

$39 - 30 = 9$ $63 - 50 = 13$ $67 - 40 = 27$

2
$43 - 10 = 33$ $61 - 10 = 51$ $58 - 10 = 48$
$43 - 20 = 23$ $61 - 20 = 41$ $58 - 30 = 28$
$43 - 30 = 13$ $61 - 30 = 31$ $58 - 40 = 18$

$35 - 30 = 5$ $34 - 20 = 14$
$45 - 30 = 15$ $54 - 30 = 24$
$55 - 30 = 25$ $74 - 10 = 64$

STICKER

1

$32 + 4 = 36$ $32 + 24 = 56$ $32 + 44 = 76$

$45 + 3 = 48$ $45 + 13 = 58$ $45 + 23 = 68$

2
$3 + 2 = 5$ $10 + 7 = 17$ $24 + 5 = 29$
$23 + 2 = 25$ $10 + 17 = 27$ $24 + 15 = 39$
$43 + 2 = 45$ $10 + 27 = 37$ $24 + 35 = 59$

$56 + 12 = 68$ $42 + 14 = 56$ $35 + 22 = 57$
$76 + 12 = 88$ $52 + 14 = 66$ $75 + 22 = 97$
$86 + 12 = 98$ $32 + 14 = 46$ $55 + 22 = 77$

$24 + 15 = 39$ $88 + 1 = 89$ $50 + 25 = 75$
$24 + 14 = 38$ $68 + 21 = 89$ $40 + 24 = 64$
$54 + 13 = 67$ $48 + 41 = 89$ $30 + 23 = 53$

1

$34 - 3 = 31$ $34 - 13 = 21$ $34 - 23 = 11$

$58 - 4 = 54$ $58 - 24 = 34$ $58 - 44 = 14$

2
$87 - 6 = 81$ $65 - 2 = 63$ $78 - 8 = 70$
$47 - 6 = 41$ $35 - 2 = 33$ $78 - 7 = 71$
$17 - 6 = 11$ $95 - 2 = 93$ $78 - 6 = 72$

$43 - 1 = 42$ $36 - 4 = 32$ $94 - 2 = 92$
$43 - 11 = 32$ $36 - 24 = 12$ $94 - 12 = 82$
$43 - 21 = 22$ $36 - 34 = 2$ $94 - 32 = 62$

$57 - 11 = 46$ $69 - 17 = 52$ $82 - 12 = 70$
$57 - 21 = 36$ $69 - 27 = 42$ $72 - 22 = 50$
$57 - 41 = 16$ $69 - 37 = 32$ $62 - 32 = 30$

STICKER

1 Wie heißen die Zahlen?

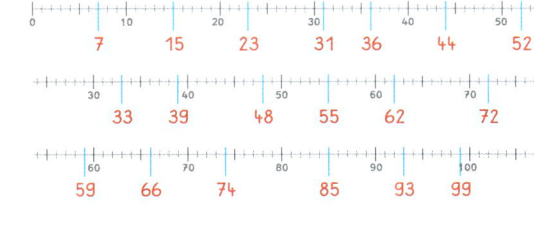

7 15 23 31 36 44 52

33 39 48 55 62 72

59 66 74 85 93 99

2 Schreibe die Zahlen an die richtige Stelle.

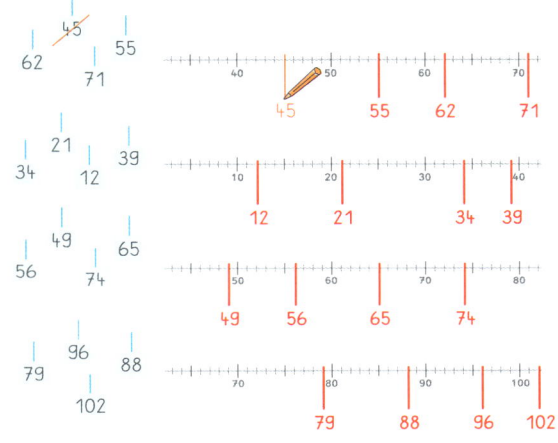

45 55 62 71

12 21 34 39

49 56 65 74

79 88 96 102

3 Wie geht es weiter? Schreibe die Zahlen.

17, _18_, _19_, 20, 21, 22, 23, 24, 25, 26, _27_
37, _38_, _39_, 40, 41, 42, 43, 44, 45, 46, _47_
64, _65_, 66, 67, 68, 69, 70, 71, 72, _73_, _74_
85, _86_, 87, 88, 89, 90, 91, 92, 93, _94_, _95_

4 Nachbarzahlen

64 65 66   41 42 43   20 21 22   88 89 90

37 38 39   69 70 71   52 53 54   98 99 100

5 Nachbarzehner

25 34 47 52

25 liegt zwischen den Zehnern _20_ und _30_
34 liegt zwischen den Zehnern _30_ und _40_
47 liegt zwischen den Zehnern _40_ und _50_
52 liegt zwischen den Zehnern _50_ und _60_

6 Nachbarzehner

_10_ 17 _20_   _70_ 73 _80_   _90_ 96 _100_
_30_ 38 _40_   _80_ 82 _90_   _60_ 65 _70_
_50_ 59 _60_   _40_ 44 _50_   _20_ 21 _30_

STICKER

1

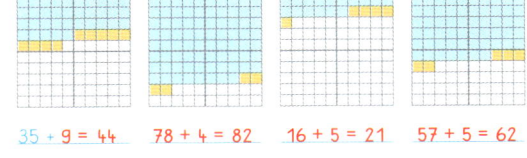

26 + 6 = _32_   35 + 8 = _43_   58 + 7 = _65_

2 Schreibe die Aufgaben. Rechne.

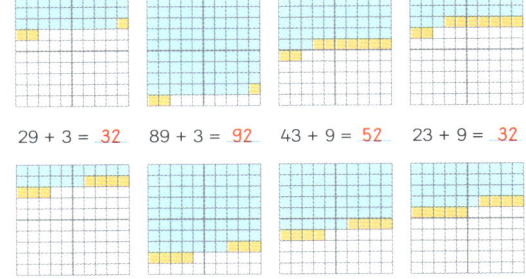

35 + 9 = 44   78 + 4 = 82   16 + 5 = 21   57 + 5 = 62

3 Male und rechne.

29 + 3 = _32_   89 + 3 = _92_   43 + 9 = _52_   23 + 9 = _32_

16 + 7 = _23_   77 + 7 = _84_   56 + 8 = _64_   36 + 9 = _45_

4 Rechne. Male die Ergebnisfelder grau an.

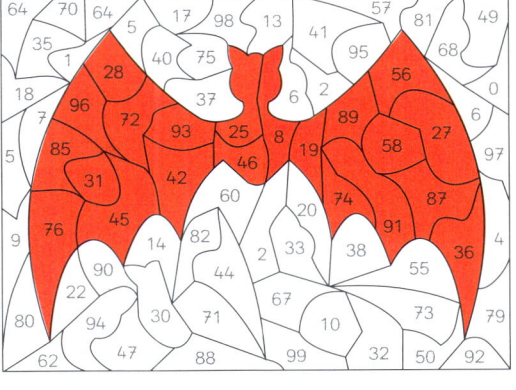

36 + 10 = _46_   4 + 4 = _8_   80 + 9 = _89_
36 + 20 = _56_   14 + 14 = _28_   82 + 9 = _91_
36 + 40 = _76_   24 + 34 = _58_   36 + 9 = _45_

68 + 6 = _74_   26 + 5 = _31_   18 + 7 = _25_
74 + 13 = _87_   8 + 11 = _19_   77 + 8 = _85_
61 + 32 = _93_   12 + 15 = _27_   36 + 6 = _42_

54 + 42 = _96_
12 + 24 = _36_
68 + 4 = _72_

STICKER

1

33 − 4 = 29   43 − 4 = 39   53 − 4 = 49

2 Schreibe die Aufgaben. Rechne.

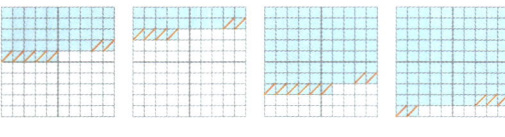

45 − 7 = 38   24 − 6 = 18   76 − 8 = 68   92 − 5 = 87

3 Male. Streiche weg und rechne.

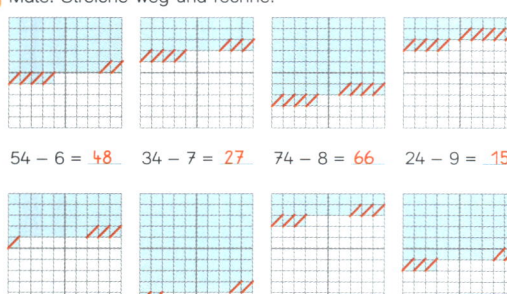

54 − 6 = 48   34 − 7 = 27   74 − 8 = 66   24 − 9 = 15

41 − 4 = 37   92 − 4 = 88   23 − 6 = 17   63 − 5 = 58

4 In welche Schatzkiste gehören welche Edelsteine? Male passend an.

der Zehner bleibt

über den Zehner

63 − 4   94 − 2   38 − 3   58 − 6   47 − 6   33 − 8
82 − 5   42 − 6   75 − 3   61 − 2
77 − 2   84 − 7   67 − 8

5 Wie heißen die Lösungswörter? Rechne. Zu jedem Ergebnis gehört ein Buchstabe.

23	28	31	44	46	58	63	67	72	74	75	82	92
L	I	O	G	Z	N	R	P	D	M	H	F	

100 − 8 = 92 F   56 − 12 = 44 G
70 − 7 = 63 E   52 − 21 = 31 O
72 − 9 = 63 E   53 − 30 = 23 L
                  85 − 11 = 74 D
80 − 8 = 72 P
71 − 4 = 67 R   97 − 15 = 82 H
33 − 5 = 28 I   74 − 11 = 63 E
67 − 9 = 58 N   45 − 22 = 23 L
52 − 6 = 46 Z   97 − 22 = 75 M

STICKER

1 Die Prinzen Edmund und Simon haben 100 € in ihrer Schatztruhe. Edmund hat 50 € hineingelegt.

Frage: Wie viel Euro hat Prinz Simon in die Schatztruhe gelegt?

100 € − 50 € = 50 €

Antwort: Prinz Simon hat 50 € in die Schatztruhe gelegt.

2 Prinz Antonio hat 70 €. Er kauft für 35 € Zaumzeug.

Frage: Wie viel Euro hat Prinz Antonio jetzt noch?

70 € − 35 € = 35 €

Antwort: Prinz Antonio hat jetzt noch 35 €.

3 Prinzessin Rosa kauft für 53 € Schmuck.
Nun hat sie noch 27 €.

Frage: Wie viel Geld hatte Prinzessin Rosa am Anfang?

Rechne:	80 € − 53 € = 27 €	oder:
oder:	27 € + 53 € =	80 €

Antwort: Prinzessin Rosa hatte vorher 80 €.

4

Prinz Hugo kauft eine Fahne für 15 € und einen Helm für 35 €.

15 € + 35 € = 50 €

Er muss 50 € bezahlen.

Prinz Simon kauft zwei Kettenhemden für je 40 €.

40 € + 40 € = 80 €

Er muss 80 € bezahlen.

Prinzessin Rosa kauft zwei Perlenketten für je 18 €.

18 € + 18 € = 36 €

Sie muss 36 € bezahlen.

Prinzessin Lila kauft ein Kleid für 30 € und Schuhe für 25 €.

30 € + 25 € = 55 €

Sie muss 55 € bezahlen.

(Beispiellösung) Prinz Antonio bezahlt genau 20 €. Was hat er gekauft? Er hat ein Schwert gekauft.

STICKER

1 Rechne jeweils eine Plusaufgabe und eine Malaufgabe.

$4 + 4 + 4 = 12$
$3 \cdot 4 = 12$

$3 + 3 + 3 + 3 = 12$
$4 \cdot 3 = 12$

$6 + 6 = 12$
$2 \cdot 6 = 12$

$6 + 6 + 6 = 18$
$3 \cdot 6 = 18$

$7 + 7 + 7 + 7 = 28$
$4 \cdot 7 = 28$

$5 + 5 + 5 + 5 + 5 = 25$
$5 \cdot 5 = 25$

2 Schreibe Plusaufgabe und Malaufgabe. Rechne.

$3 + 3 + 3 + 3 + 3$
$5 \cdot 3 = 15$

$7 + 7 + 7 + 7 + 7$
$5 \cdot 7 = 35$

$6 + 6 + 6 + 6 + 6 + 6$
$6 \cdot 6 = 36$

3 Was gehört zusammen? Rechne und verbinde.

$2 + 2 + 2 = 6$
$3 \cdot 2 = 6$

$5 + 5 = 10$
$2 \cdot 5 = 10$

$5 + 5 + 5 + 5 = 20$
$4 \cdot 5 = 20$

$6 + 6 + 6 + 6 = 24$
$4 \cdot 6 = 24$

4

$3 + 3 + 3 + 3 + 3 + 3 = 18$
$6 \cdot 3 = 18$

$4 + 4 + 4 + 4 = 16$
$4 \cdot 4 = 16$

$6 + 6 + 6 = 18$
$3 \cdot 6 = 18$

$4 + 4 + 4 + 4 + 4 = 20$
$5 \cdot 4 = 20$

STICKER

1 Schreibe und rechne die Malaufgaben.

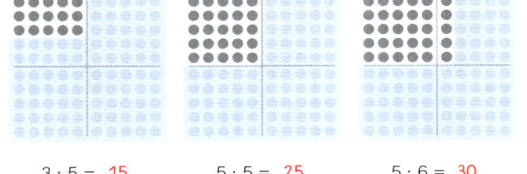

$3 \cdot 5 = 15$

$5 \cdot 5 = 25$

$5 \cdot 6 = 30$

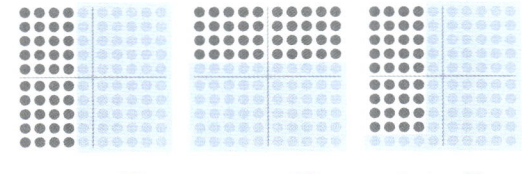

$10 \cdot 4 = 40$

$4 \cdot 10 = 40$

$9 \cdot 4 = 36$

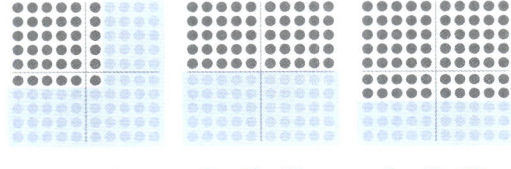

$6 \cdot 6 = 36$

$5 \cdot 10 = 50$

$7 \cdot 10 = 70$

2 Kreise die Malaufgaben ein. Rechne.

$4 \cdot 3 = 12$

$5 \cdot 3 = 15$

$10 \cdot 3 = 30$

$2 \cdot 4 = 8$

$10 \cdot 5 = 50$

$5 \cdot 10 = 50$

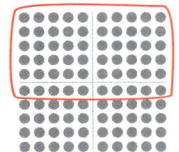

$6 \cdot 10 = 60$

$8 \cdot 10 = 80$

STICKER

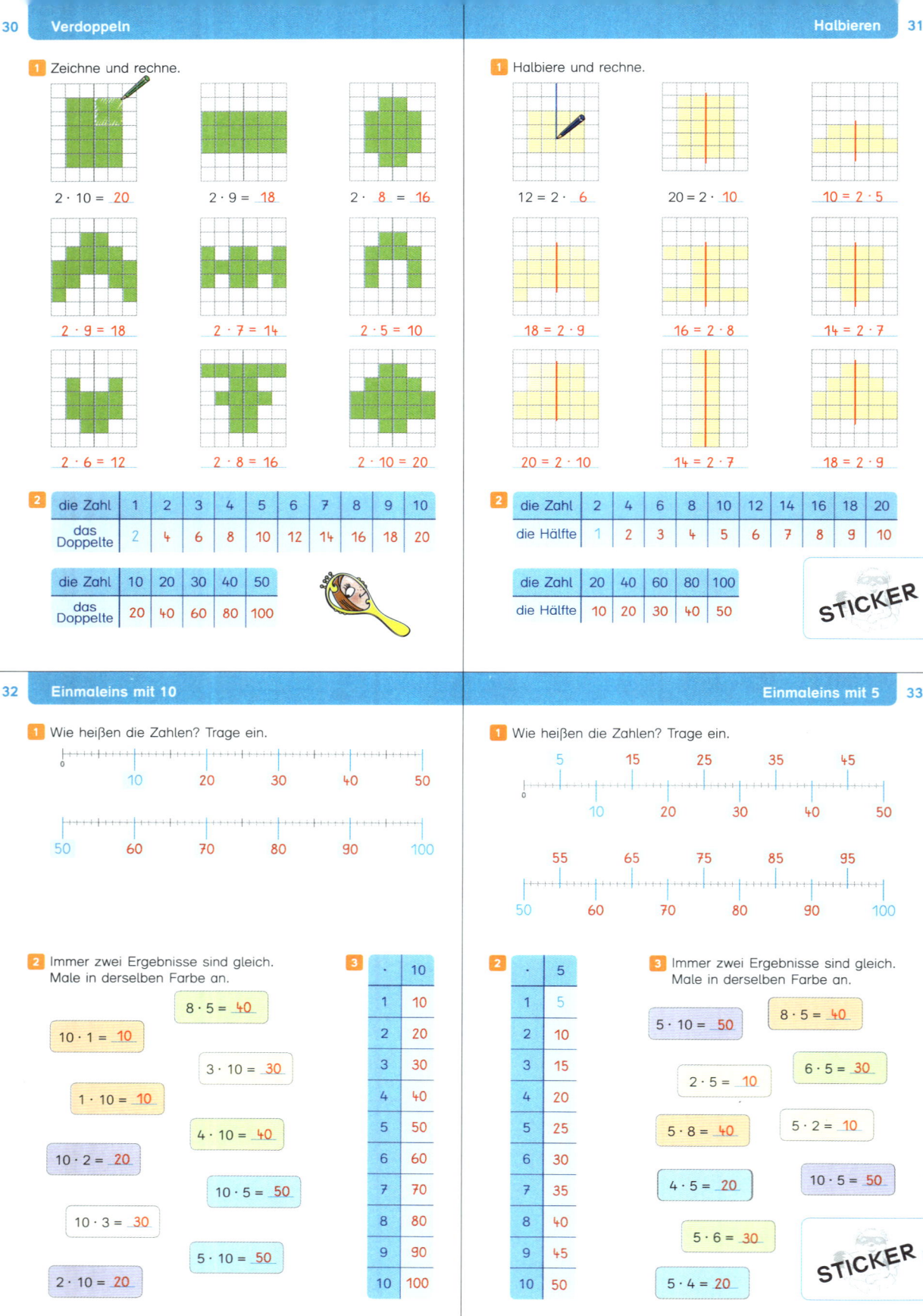

30 Verdoppeln

1 Zeichne und rechne.

2 · 10 = 20   2 · 9 = 18   2 · 8 = 16

2 · 9 = 18   2 · 7 = 14   2 · 5 = 10

2 · 6 = 12   2 · 8 = 16   2 · 10 = 20

2

die Zahl	1	2	3	4	5	6	7	8	9	10
das Doppelte	2	4	6	8	10	12	14	16	18	20

die Zahl	10	20	30	40	50
das Doppelte	20	40	60	80	100

31 Halbieren

1 Halbiere und rechne.

12 = 2 · 6   20 = 2 · 10   10 = 2 · 5

18 = 2 · 9   16 = 2 · 8   14 = 2 · 7

20 = 2 · 10   14 = 2 · 7   18 = 2 · 9

2

die Zahl	2	4	6	8	10	12	14	16	18	20
die Hälfte	1	2	3	4	5	6	7	8	9	10

die Zahl	20	40	60	80	100
die Hälfte	10	20	30	40	50

STICKER

32 Einmaleins mit 10

1 Wie heißen die Zahlen? Trage ein.

0 ... 10 20 30 40 50
50 60 70 80 90 100

2 Immer zwei Ergebnisse sind gleich. Male in derselben Farbe an.

8 · 5 = 40
10 · 1 = 10
3 · 10 = 30
1 · 10 = 10
4 · 10 = 40
10 · 2 = 20
10 · 5 = 50
10 · 3 = 30
5 · 10 = 50
2 · 10 = 20

3

·	10
1	10
2	20
3	30
4	40
5	50
6	60
7	70
8	80
9	90
10	100

33 Einmaleins mit 5

1 Wie heißen die Zahlen? Trage ein.

5 15 25 35 45
0 ... 10 20 30 40 50
55 65 75 85 95
50 60 70 80 90 100

2

·	5
1	5
2	10
3	15
4	20
5	25
6	30
7	35
8	40
9	45
10	50

3 Immer zwei Ergebnisse sind gleich. Male in derselben Farbe an.

5 · 10 = 50
8 · 5 = 40
6 · 5 = 30
2 · 5 = 10
5 · 8 = 40
5 · 2 = 10
4 · 5 = 20
10 · 5 = 50
5 · 6 = 30
5 · 4 = 20

STICKER

1 Kreise ein. Verbinde und rechne.

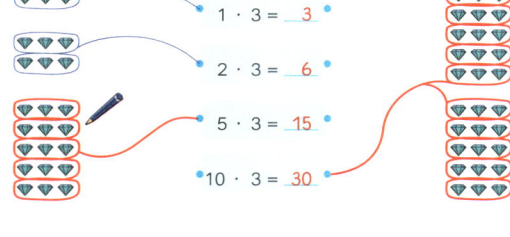

$1 \cdot 3 = \underline{3}$

$2 \cdot 3 = \underline{6}$

$5 \cdot 3 = \underline{15}$

$10 \cdot 3 = \underline{30}$

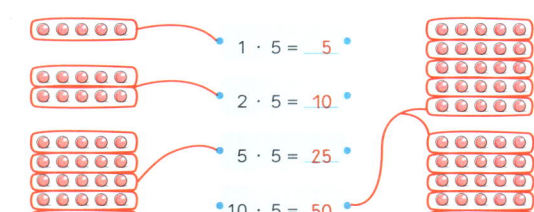

$1 \cdot 5 = \underline{5}$

$2 \cdot 5 = \underline{10}$

$5 \cdot 5 = \underline{25}$

$10 \cdot 5 = \underline{50}$

$1 \cdot 6 = \underline{6}$

$2 \cdot 6 = \underline{12}$

$5 \cdot 6 = \underline{30}$

$10 \cdot 6 = \underline{60}$

2

· 1	· 2	· 3
$1 \cdot 1 = \underline{1}$	$1 \cdot 2 = \underline{2}$	$1 \cdot 3 = \underline{3}$
$2 \cdot 1 = \underline{2}$	$2 \cdot 2 = \underline{4}$	$2 \cdot 3 = \underline{6}$
$5 \cdot 1 = \underline{5}$	$5 \cdot 2 = \underline{10}$	$5 \cdot 3 = \underline{15}$
$10 \cdot 1 = \underline{10}$	$10 \cdot 2 = \underline{20}$	$10 \cdot 3 = \underline{30}$

· 4	· 5	· 6
$1 \cdot 4 = \underline{4}$	$1 \cdot 5 = \underline{5}$	$1 \cdot 6 = \underline{6}$
$2 \cdot 4 = \underline{8}$	$2 \cdot 5 = \underline{10}$	$2 \cdot 6 = \underline{12}$
$5 \cdot 4 = \underline{20}$	$5 \cdot 5 = \underline{25}$	$5 \cdot 6 = \underline{30}$
$10 \cdot 4 = \underline{40}$	$10 \cdot 5 = \underline{50}$	$10 \cdot 6 = \underline{60}$

· 7	· 8	· 9
$1 \cdot 7 = \underline{7}$	$1 \cdot 8 = \underline{8}$	$1 \cdot 9 = \underline{9}$
$2 \cdot 7 = \underline{14}$	$2 \cdot 8 = \underline{16}$	$2 \cdot 9 = \underline{18}$
$5 \cdot 7 = \underline{35}$	$5 \cdot 8 = \underline{40}$	$5 \cdot 9 = \underline{45}$
$10 \cdot 7 = \underline{70}$	$10 \cdot 8 = \underline{80}$	$10 \cdot 9 = \underline{90}$

3

·	1	2	5	10
3	3	6	15	30
4	4	8	20	40
5	5	10	25	50
6	6	12	30	60
7	7	14	35	70
8	8	16	40	80
9	9	18	45	90
10	10	20	50	100

· 10
$1 \cdot 10 = \underline{10}$
$2 \cdot 10 = \underline{20}$
$5 \cdot 10 = \underline{50}$
$10 \cdot 10 = \underline{100}$

STICKER

---

1 Aus wie vielen Würfeln besteht jede Stufe?

$1 \cdot 1 = \underline{1}$

$2 \cdot 2 = \underline{4}$

$3 \cdot 3 = \underline{9}$

$4 \cdot 4 = \underline{16}$

$5 \cdot 5 = \underline{25}$

2 Wie geht es weiter?

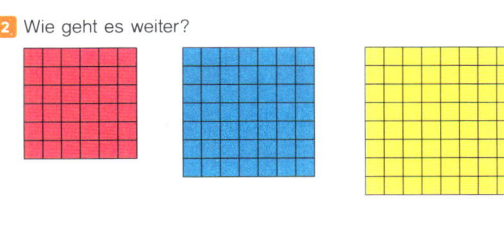

$6 \cdot 6 = \underline{36}$ $7 \cdot 7 = \underline{49}$ $8 \cdot 8 = \underline{64}$

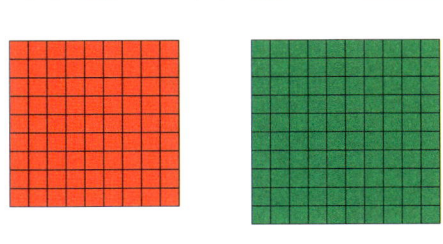

$9 \cdot 9 = \underline{81}$ $10 \cdot 10 = \underline{100}$

Auf den **blauen** Feldern stehen die Ergebnisse der **Kernaufgaben**.

Auf den **grünen** Feldern stehen die Ergebnisse der **Quadrataufgaben**.

1 Rechne Quadrataufgaben und Kernaufgaben. Welche Aufgaben kannst du noch lösen?

·	1	2	3	4	5	6	7	8	9	10
1	1	2	3	4	5	6	7	8	9	10
2	2	4	6	8	10	12	14	16	18	20
3	3	6	9	12	15	18	21	24	27	30
4	4	8	12	16	20	24	28	32	36	40
5	5	10	15	20	25	30	35	40	45	50
6	6	12	18	24	30	36	42	48	54	60
7	7	14	21	28	35	42	49	56	63	70
8	8	16	24	32	40	48	56	64	72	80
9	9	18	27	36	45	54	63	72	81	90
10	10	20	30	40	50	60	70	80	90	100

Quadrataufgaben, Kernaufgaben, Nachbaraufgaben,

STICKER

1 Male symmetrisch aus.

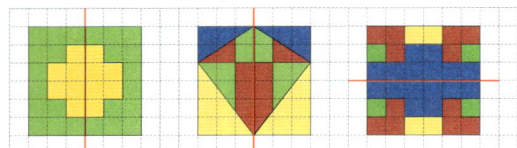

2 Male das Spiegelbild.

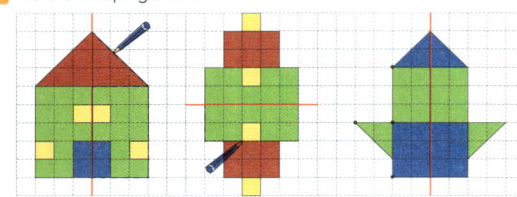

3 Zeichne alle Symmetrieachsen ein.

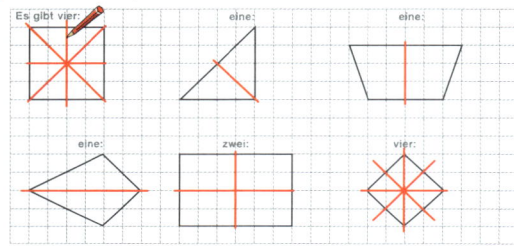

1 Die Trolle verschönern ihre Häuser.
Male die Muster weiter.

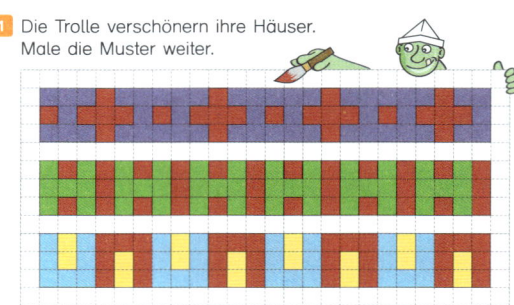

2 Auch der Fußboden soll ein schönes Muster bekommen.

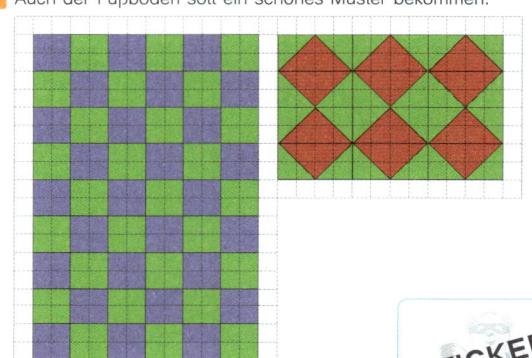

STICKER

1 Kreuze die Fragen an, die du beantworten kannst.

Prinzessin Lila hat 6 Buntstifte und 6 Filzstifte.

☐ Welche Farben haben die Buntstifte?
☒ Wie viele Stifte hat Prinzessin Lila insgesamt?
☐ Wie viele Wachsmalstifte hat Prinzessin Lila?

Prinz Gustav besitzt 18 Pferde.
Er bekommt 10 Pferde dazugeschenkt.

☐ Freut sich Prinz Gustav über die neuen Pferde?
☒ Wie viele Pferde hat Prinz Gustav jetzt insgesamt?
☐ Wer hat Prinz Gustav die Pferde geschenkt?

Prinzessin Annabel hat 27 Kleider.
Sie verschenkt 7 Kleider.

☐ Wem schenkt Prinzessin Annabel die Kleider?
☐ Warum verschenkt Prinzessin Annabel 7 Kleider?
☒ Wie viele Kleider hat Prinzessin Annabel jetzt noch?

König Herbert hat 5 Söhne und 3 Töchter.

☒ Wie viele Kinder hat König Herbert?
☐ Wie viele Enkelkinder hat König Herbert?
☐ Warum hat König Herbert mehr Söhne als Töchter?

2 Plus oder minus? Achte auf die Signalwörter.

König Herbert hat
in seinem Beutel
100 Goldstücke.
Er verschenkt
10 Goldstücke aus
seinem Beutel an
Prinz Anton.
+ ⊝

Der Goldschatz wird
von 5 Drachen bewacht.
2 Drachen fliegen weg.
+ ⊝

Prinz Hugo hat
9 braune Pferde
und 7 weiße Pferde.
⊕ –

Prinzessin Lilly hat
10 Paar Schuhe.
Sie bekommt 2
neue Paar Schuhe
dazugeschenkt.
⊕ –

Der Schatz besteht aus
20 Kisten mit Perlen und
30 Kisten mit Goldstücken.
⊕ –

3 Kreuze die passende Rechnung an.
Achte auf die Signalwörter.

Zum großen Ball werden 20 Prinzessinnen
und 20 Prinzen eingeladen.
☐ 20 − 20 = 0   ☒ 20 + 20 = 40

Prinz Gustav besitzt 28 Pferde.
Er kauft 2 Pferde dazu.
☐ 28 − 2 = 26   ☒ 28 + 2 = 30

STICKER

1 Teile auf. Rechne.

Immer zwei Gespenster:

$8 : 2 = 4$,

denn $4 \cdot 2 = 8$

Immer drei Gespenster:

$9 : 3 = 3$,

denn $3 \cdot 3 = 9$

Immer vier Gespenster:

$8 : 4 = 2$,

denn $2 \cdot 4 = 8$

Immer fünf Gespenster:

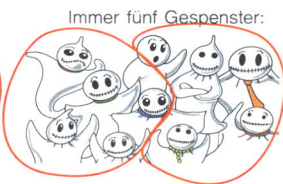

$10 : 5 = 2$,

denn $2 \cdot 5 = 10$

Immer drei Gespenster:

$15 : 3 = 5$,

denn $5 \cdot 3 = 15$

Immer vier Gespenster:

$16 : 4 = 4$,

denn $4 \cdot 4 = 16$

2

$12 : 2 = 6$,

denn $6 \cdot 2 = 12$

$12 : 3 = 4$,

denn $4 \cdot 3 = 12$

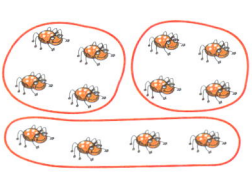

$12 : 4 = 3$,

denn $3 \cdot 4 = 12$

$12 : 6 = 2$,

denn $2 \cdot 6 = 12$

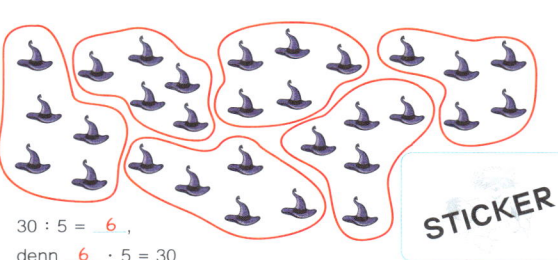

$30 : 5 = 6$,

denn $6 \cdot 5 = 30$

STICKER

1 Verteile gerecht. Rechne.

$6 : 3 = 2$, denn $2 \cdot 3 = 6$

$12 : 3 = 4$, denn $4 \cdot 3 = 12$

$12 : 4 = 3$, denn $3 \cdot 4 = 12$

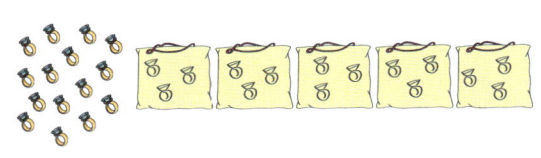

$15 : 5 = 3$, denn $3 \cdot 5 = 15$

2

$15 : 3 = 5$, denn $5 \cdot 3 = 15$

$16 : 2 = 8$, denn $8 \cdot 2 = 16$

$18 : 3 = 6$, denn $6 \cdot 3 = 18$

STICKER

1

Im Sack sind Zitronen- und Erdbeer-Lollis.
Mia zieht mit verbundenen Augen.
Kreuze an.

	sicher	möglich	unmöglich
Sie zieht … einen Zitronen-Lolli	☐	✗	☐
… einen Apfel-Lolli	☐	☐	✗
… einen Erdbeer-Lolli	☐	✗	☐
… einen Lolli	✗	☐	☐
… einen Cola-Lolli	☐	☐	✗
… einen Stein	☐	☐	✗

2

  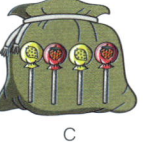

    A   B   C

Trollo mag Zitrone lieber als Erdbeer.
Aus welchem Sack sollte er ziehen?

A   B   C
✗   ☐   ☐

Aus welchem Sack sollte er auf keinen Fall ziehen?

A   B   C
☐   ✗   ☐

1 Zwerg Tio hat eine rote
und eine gelbe Mütze.
Sein Hemd ist blau.

Welche Möglichkeiten hat er, sich anzuziehen? Male an.

Es sind __2__ Möglichkeiten.

2 Hui hat eine rote und eine gelbe Mütze.
Ein Hemd ist blau, eines ist grün.
Welche Möglichkeiten hat er, sich anzuziehen?

Es sind __4__ Möglichkeiten.

Hui kauft noch ein schwarzes Hemd.
Welche Möglichkeiten hat er jetzt?

Es sind __6__ Möglichkeiten.

STICKER

*Erst die Zehner,
dann die Einer!*

38 + 24 = _62_
38 + 20 = _58_
58 +   4 = _62_

1

57 + 14 = _71_	29 + 24 = _53_	47 + 26 = _73_
57 + 10 = _67_	29 + 20 = _49_	47 + 20 = _67_
67 + 4 = _71_	49 + 4 = _53_	67 + 6 = _73_

35 + 17 = _52_	68 + 23 = _91_	56 + 18 = _74_
35 + 10 = _45_	68 + 20 = _88_	56 + 10 = _66_
45 + 7 = _52_	88 + 3 = _91_	66 + 8 = _74_

2

29 + 34 = _63_	36 + 15 = _51_	18 + 25 = _43_
2 9 + 3 0 = 5 9	3 6 + 1 0 = 4 6	1 8 + 2 0 = 3 8
5 9 + 4 = 6 3	4 6 + 5 = 5 1	3 8 + 5 = 4 3

43 + 18 = _61_	27 + 27 = _54_	34 + 19 = _53_
4 3 + 1 0 = 5 3	2 7 + 2 0 = 4 7	3 4 + 1 0 = 4 4
5 3 + 8 = 6 1	4 7 + 7 = 5 4	4 4 + 9 = 5 3

3 Rechne auf deinem Weg.

Wie rechnest du?

36 + 25 = _61_	47 + 19 = _66_
3 6 + 2 0 = 5 6	4 7 + 1 0 = 5 7
5 6 + 5 = 6 1	5 7 + 9 = 6 6

58 + 24 = _82_	18 + 43 = _61_	27 + 25 = _52_
5 8 + 2 0 = 7 8	1 8 + 4 0 = 5 8	2 7 + 2 0 = 4 7
7 8 + 4 = 8 2	5 8 + 3 = 6 1	4 7 + 5 = 5 2

49 + 23 = _72_	37 + 46 = _83_	55 + 13 = _68_
4 9 + 2 0 = 6 9	3 7 + 4 0 = 7 7	5 5 + 1 0 = 6 5
6 9 + 3 = 7 2	7 7 + 6 = 8 3	6 5 + 3 = 6 8

68 + 26 = _94_	29 + 14 = _43_	36 + 35 = _71_
6 8 + 2 0 = 8 8	2 9 + 1 0 = 3 9	3 6 + 3 0 = 6 6
8 8 + 6 = 9 4	3 9 + 4 = 4 3	6 6 + 5 = 7 1

46 + 29 = _75_	17 + 36 = _53_
4 6 + 2 0 = 6 6	1 7 + 3 0 = 4 7
6 6 + 9 = 7 5	4 7 + 6 = 5 3

(Beispielrechnungen)

STICKER

Erst die Zehner, dann die Einer!

73 − 25 = 48
73 − 20 = 53
53 − 5 = 48

1

53 − 16 = 37
53 − 10 = 43
43 − 6 = 37

92 − 34 = 58
92 − 30 = 62
62 − 4 = 58

45 − 18 = 27
45 − 10 = 35
35 − 8 = 27

64 − 27 = 37
64 − 20 = 44
44 − 7 = 37

51 − 37 = 14
51 − 30 = 21
21 − 7 = 14

83 − 48 = 35
83 − 40 = 43
43 − 8 = 35

2

76 − 58 = 18
76 - 50 = 26
26 - 8 = 18

94 − 36 = 58
94 - 30 = 64
64 - 6 = 58

61 − 32 = 29
61 - 30 = 31
31 - 2 = 29

33 − 17 = 16
33 - 10 = 23
23 - 7 = 16

87 − 68 = 19
87 - 60 = 27
27 - 8 = 19

42 − 17 = 25
42 - 10 = 32
32 - 7 = 25

3 Rechne auf deinem Weg.

Wie rechnest du?

(Beispielrechnungen)

62 − 24 = 38
6 2 - 2 0 = 4 2
4 2 - 4 = 3 8

54 − 17 = 37
5 4 - 1 0 = 4 4
4 4 - 7 = 3 7

65 − 39 = 26
6 5 - 3 0 = 3 5
3 5 - 9 = 2 6

41 − 13 = 28
4 1 - 1 0 = 3 1
3 1 - 3 = 2 8

72 − 35 = 37
7 2 - 3 0 = 4 2
4 2 - 5 = 3 7

82 − 16 = 66
8 2 - 1 0 = 7 2
7 2 - 6 = 6 6

52 − 29 = 23
5 2 - 2 0 = 3 2
3 2 - 9 = 2 3

84 − 28 = 56
8 4 - 2 0 = 6 4
6 4 - 8 = 5 6

55 − 32 = 23
5 5 - 3 0 = 2 5
2 5 - 2 = 2 3

93 − 24 = 69
9 3 - 2 0 = 7 3
7 3 - 4 = 6 9

34 − 15 = 19
3 4 - 1 0 = 2 4
2 4 - 5 = 1 9

71 − 42 = 29
7 1 - 4 0 = 3 1
3 1 - 2 = 2 9

95 − 36 = 59
9 5 - 3 0 = 6 5
6 5 - 6 = 5 9

STICKER

1 Kreuze bei jeder Aufgabe die richtige Aussage an.

Der Riese Maximilian ist 27 m groß, der Riese Erhard ist 21 m groß.

2 7 m − 2 1 m = 6 m

X Der Riese Maximilian ist 6 m größer als der Riese Erhard.
□ Der Riese Erhard ist 5 m kleiner als der Riese Maximilian.

Die Trolle bauen Türme.
Trollos Turm ist 9 m hoch, Rollos Turm ist 12 m hoch und Ollos Turm ist 15 m hoch.

9 m < 1 2 m < 1 5 m

□ Rollos Turm ist der größte Turm.
X Trollos Turm ist der kleinste Turm.

Der Zauberer Klitzeklein verzaubert mit seinem Zauberstab jeden, den er berührt.
Der Drache Stachelschweif war vor der Begegnung 100 m groß. Nun ist er 100 cm groß.

□ Der Drache ist genau so groß wie vorher.
□ Der Drache ist größer als vorher.
X Der Drache ist kleiner als vorher.

2 Kreuze die richtigen Lösungen an.

Ein kleiner Drache ist aus seinem Drachenei geschlüpft.
Er ist 47 cm groß.
Wie viele Zentimeter muss er noch wachsen, bis er 100 cm groß ist?

X 53 cm   □ 63 cm   □ 43 cm

Der Drachenjunge wartet 2 Stunden auf seinen Vater.
Um 16:00 Uhr kehrt der Drachenvater zurück.
Um wie viel Uhr ist der Drachenvater weggeflogen?

□ 02:00 Uhr   X 14:00 Uhr   □ 16:00 Uhr

Um 06:00 Uhr bekommt das Drachenei einen kleinen Riss. Das Drachenbaby braucht 30 Minuten, um aus dem Ei zu schlüpfen.
Um wie viel Uhr ist das Drachenbaby ganz aus dem Ei geschlüpft?

□ 06:00 Uhr   □ 30:00 Uhr   X 06:30 Uhr

Der Goldschatz ist 53 € wert, der Perlenschatz ist 44 € wert.
Wie viel Euro sind beide Schätze zusammen wert?

□ 9 €   □ 53 €   X 97 €

STICKER

1 Drei Uhren gehören jeweils zusammen. Verbinde.

2 Male gleiche Uhrzeiten gleich an.

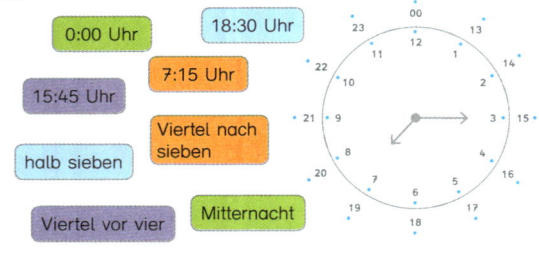

0:00 Uhr   18:30 Uhr   7:15 Uhr   15:45 Uhr   Viertel nach sieben   halb sieben   Viertel vor vier   Mitternacht

3 Zeichne die Zeiger ein.

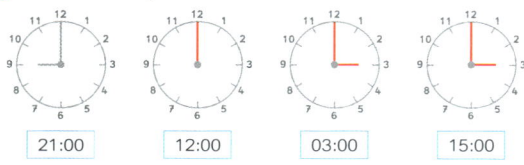

| 21:00 | 12:00 | 03:00 | 15:00 |

4 So ist es in der Hexenschule.

Zeit	Montag	Dienstag	Mittwoch	Donnerstag
8:00-9:30	Fliegen	Kochen	Zauberbuch lesen	Kräuter sammeln
9:30-9:45	Besen pflegen	Kessel reinigen	Zauberbuch verstecken	Kräuter sortieren
9:45-12:00	Wetter hexen	Zaubertrank abfüllen	Tiere verhexen	Wunden heilen

Um wie viel Uhr beginnt das Fach „Kräuter sortieren"?
9:30 Uhr

Um wie viel Uhr beginnt das „Kochen"?
8:00 Uhr

Um wie viel Uhr endet das Fach „Wetter hexen"?
12:00 Uhr

Um wie viel Uhr endet das Fach „Zauberbuch lesen"?
9:30 Uhr

Wie lange sind die Hexen am Montag in der Schule?
_4_ Stunden

Wie lange dauert das Fach „Kessel reinigen"?
_15_ Minuten

Mein Lieblingsfach wäre   (Beispiellösung)
Fliegen

Es dauert   _90 Minuten; 1,5 h_ .

STICKER

1 Heute ist Montag.

Morgen ist _Dienstag_ .
Übermorgen ist _Mittwoch_ .
Gestern war _Sonntag_ .
Vorgestern war _Samstag_ .
In drei Tagen ist _Donnerstag_ .
Vor drei Tagen war _Freitag_ .

MONTAG
DIENSTAG
MITTWOCH
DONNERSTAG
FREITAG
SAMSTAG
SONNTAG

2 Jetzt ist Mai.

In einem Monat ist _Juni_ .
In drei Monaten ist _August_ .

Vor einem Monat war _April_ .
Vor drei Monaten war _Februar_ .

3 Diese Monate haben genau 30 Tage:

April , _Juni_ , _September_ , _November_

Diese Monate haben genau 31 Tage:

Januar , _März_ , _Mai_ , _Juli_ ,
August , _Oktober_ , _Dezember_

Dieser Monat hat 28 Tage: _Februar_
In einem Schaltjahr hat er _29_ Tage.

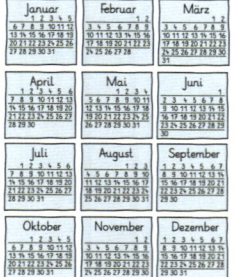

4 Der wievielte Monat im Jahr ist es?

Januar	1. Monat	Juli	7. Monat
Februar	2. Monat	August	8. Monat
März	3. Monat	September	9. Monat
April	4. Monat	Oktober	10. Monat
Mai	5. Monat	November	11. Monat
Juni	6. Monat	Dezember	12. Monat

5 Schreibe die Geburtstage auf.

Prinzessin Lila	26. 1.	26. Januar
Prinzessin Rosa	19. 4.	19. April
Prinz Gustav	27. 5.	27. Mai
König Herbert	7. 7.	7. Juli
Prinzessin Annabel	28. 10.	28. Oktober
Prinzessin Lilly	11. 11.	11. November

Prinzessin Lilly und Prinzessin Annabel werden beide acht Jahre alt. Kreise ihre Geburtstage im Kalender ein.
Annabel ist _14_ Tage älter als Lilly.

STICKER

1 Würfel, Quader und Kugel sind geometrische Körper.
Schreibe die Namen unter die jeweiligen Körper.

| Quader | Kugel | Würfel |

2 Wie viele Körper werden jeweils verbaut?

A

B

D

C

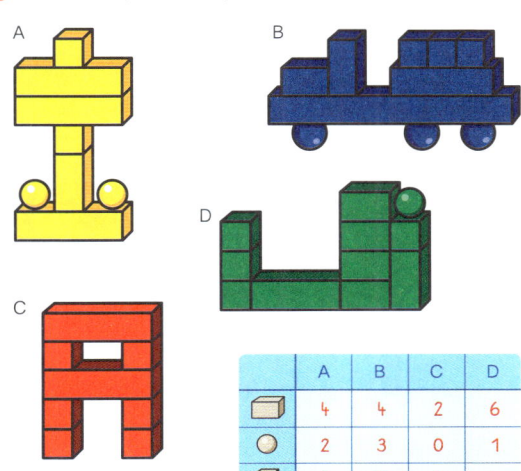

	A	B	C	D
▱	4	4	2	6
○	2	3	0	1
▱	2	3	6	4

1 Wer hat welchen Blick auf das Schloss Schlotterstein?
Trage die Nummern ein.

STICKER

1

Die Gespenster
wählen ihren Chef.
Das Ergebnis der
Wahl wird in einer
Tabelle notiert.

Trage die Anzahl der Stimmen ein:

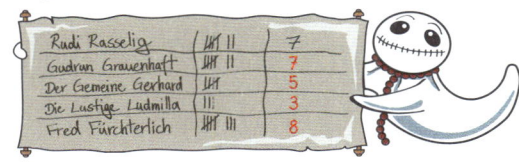

Rudi Rasselig	IIII II	7
Gudrun Grauenhaft	IIII II	7
Der Gemeine Gerhard	IIII	5
Die Lustige Ludmilla	III	3
Fred Fürchterlich	IIII III	8

Die meisten Stimmen hat ___Fred Fürchterlich___.

Für Gudrun Grauenhaft haben __7__ Gespenster gestimmt.

Die wenigsten Stimmen hat ___die Lustige Ludmilla___.

Zeichne ein Balkendiagramm zu der Tabelle.

Rudi Rasselig

Gudrun Grauenhaft

Der Gemeine Gerhard

Die Lustige Ludmilla

Fred Fürchterlich

■ eine Stimme

2 In der Schule nennt jedes Gespenst sein Lieblingsfach.

Dieses Balkendiagramm zeigt das Ergebnis:

Leute erschrecken		6
Schnelles Fliegen		9
Gruselgeräusche machen		14
Kunststücke		12
Unsichtbar werden		9

□ ein Gespenst

Welches ist das beliebteste Unterrichtsfach?

□ Leute erschrecken □ Kunststücke ✗ Gruselgeräusche machen

Wie viele Gespenster haben das Lieblingsfach „Kunststücke"?

□ 6 Gespenster ✗ 12 Gespenster □ 14 Gespenster

Welches Unterrichtsfach hat die wenigsten Stimmen?

□ Schnelles Fliegen ✗ Leute erschrecken □ Unsichtbar werden

Trage in die Tabelle ein.

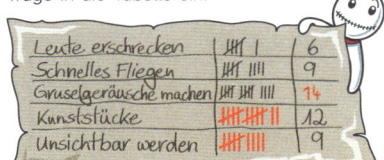

Leute erschrecken	IIII I	6
Schnelles Fliegen	IIII IIII	9
Gruselgeräusche machen	IIII IIII IIII	14
Kunststücke	IIII IIII II	12
Unsichtbar werden	IIII IIII	9

STICKER

1

4 · 2 Hände = 8 Hände

4 · 10 Finger = 40 Finger

4 · 2 Augen = 8 Augen

4 · 4 Monde = 16 Monde

4 · 5 Sterne = 20 Sterne

4 · 1 Zauberstab = 4 Zauberstäbe

2

10 + 50 = 60	87 − 10 = 77	75 + 5 = 80
11 + 51 = 62	85 − 10 = 75	70 + 10 = 80
12 + 52 = 64	83 − 10 = 73	65 + 15 = 80
13 + 53 = 66	81 − 10 = 71	60 + 20 = 80
14 + 54 = 68	79 − 10 = 69	55 + 25 = 80

3 Kreuze alle Aufgaben an, …
… deren Ergebnis größer als 60 ist.

☐ 30 + 20   ☐ 25 + 15   ✗ 94 − 30
✗ 27 + 40   ✗ 68 − 7   ☐ 100 − 60
✗ 82 − 20   ✗ 47 + 14   ☐ 14 + 46

… deren Ergebnis genau 45 ist.

☐ 55 − 5   ✗ 15 + 30   ☐ 10 + 15
☐ 30 + 25   ✗ 55 − 10   ✗ 65 − 20
✗ 70 − 25   ☐ 40 + 15   ☐ 82 − 40

4

5 · 4 = 20	4 · 5 = 20	7 · 5 = 35
8 · 2 = 16	10 · 8 = 80	6 · 5 = 30
1 · 9 = 9	7 · 2 = 14	3 · 2 = 6
6 · 10 = 60	9 · 5 = 45	10 · 4 = 40

5 Bilde jeweils vier Aufgaben.

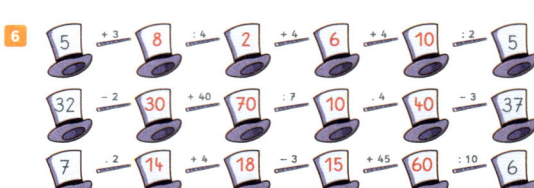

30 + 40 = 70	22 + 16 = 38	15 + 85 = 100
40 + 30 = 70	16 + 22 = 38	85 + 15 = 100
70 − 40 = 30	38 − 16 = 22	100 − 85 = 15
70 − 30 = 40	38 − 22 = 16	100 − 15 = 85

6

5 +3 8 :4 2 +4 6 +4 10 :2 5

32 −2 30 +40 70 :7 10 ·4 40 −3 37

7 −2 14 +4 18 −3 15 +45 60 :10 6

7 Setze das richtige Rechenzeichen ein: + − · :

2 · 7 = 14   24 + 8 = 32
5 + 6 = 11   10 · 8 = 80
48 − 6 = 42   29 − 4 = 25
40 : 5 = 8   8 : 4 = 2
25 : 5 = 5   6 · 2 = 12

STICKER

1 Finde in jeder Tabelle drei Fehler. Kreuze die Felder an.

+	13	44	31	9
37	50	✗	68	✗
52	65	✗	83	61

−	21	8	41	12
85	✗	77	44	73
73	52	65	✗	✗

·	2	5	1	10
3	6	✗	3	30
7	✗	35	✗	70

:	2	5	1	10
10	✗	2	10	✗
20	10	✗	20	2

2 Wie heißen die Lösungswörter?
Zu jedem Ergebnis gehört ein Buchstabe.

5	6	8	11	22	24	31	40	72	92
N	K	R	T	M	D	I	E	V	W

80 + 12 = 92 W   23 + 1 = 24 D
46 − 6 = 40 E   63 − 23 = 40 E
9 + 22 = 31 I   3 + 8 = 11 T
80 − 69 = 11 T   5 · 8 = 40 E
4 · 10 = 40 E   30 : 5 = 6 K
40 : 5 = 8 R   23 − 12 = 11 T

15 + 7 = 22 M   72 − 41 = 31 I
14 + 17 = 31 I   27 + 45 = 72 V
20 − 9 = 11 T   70 − 30 = 40 E
             20 : 4 = 5 N
12 + 12 = 24 D
12 + 28 = 40 E
25 : 5 = 5 N

Alle drei Differenzierungshefte innerhalb einer Jahrgangsstufe verbindet ein gemeinsames Grundthema, das von Klassenstufe zu Klassenstufe wechselt. So ist das Lernen mit jedem nächsten Jahrgangsheft, egal ob als Basis, Fördern oder Fordern, wieder motivierend frisch und spannend, zumal bei der Themenauswahl auf die **Lieblingsthemen** der Altersgruppe besonderer Wert gelegt wurde:

Klasse 1: Zirkus
Klasse 2: Fantasy
Klasse 3: Detektive
Klasse 4: Piraten und Meereswelt

Alle Themen sind für Mädchen und Jungen gleichermaßen ansprechend aufbereitet und führen jeweils durch das gesamte Heft. Immer dabei ist die **Zahlenzorro-Leitfigur**, welche die Kinder humorvoll begleitet und mit Hilfen und Anregungen unterstützt.

In jedes Heft ist ein Lösungsteil integriert. Dieses **Lösungsheft** lässt sich zusammen mit dem **Stickerbogen** aus der Heftmitte heraustrennen. Das Lösungsheft kann auf diese Weise je nach Bedarf an die Seite gelegt oder auch der Schülerin/dem Schüler zum selbstständigen Überprüfen ausgehändigt werden. Nach Bearbeitung einer Doppelseite im Heft wird dann der Belohnungssticker aus dem Stickerbogen an die entsprechende Stelle unten rechts auf der Doppelseite eingeklebt. Wenn alle Aufkleber im Heft richtig platziert wurden, ergeben sie beim schnellen Durchblättern ein **Daumenkino** mit einem zum Heftthema passenden „Zahlenzorro-Film" voller Überraschungen.

Viel Spaß mit unserer Zahlenzorro-Heftreihe wünscht
das Zahlenzorro-Team

1 Wie heißen die Zahlen? Trage ein.

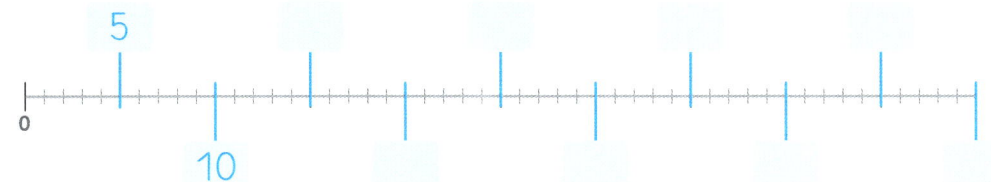

2

·	5
1	5
2	
3	
4	
5	
6	
7	
8	
9	
10	

3 Immer zwei Ergebnisse sind gleich.
Male in derselben Farbe an.

5 · 10 = ____

8 · 5 = ____

2 · 5 = ____

6 · 5 = ____

5 · 8 = ____

5 · 2 = ____

4 · 5 = ____

10 · 5 = ____

5 · 6 = ____

5 · 4 = ____

1 Kreise ein. Verbinde und rechne.

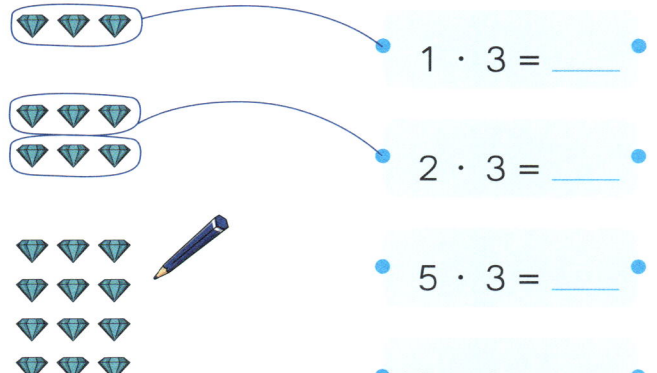

1 · 3 = _____

2 · 3 = _____

5 · 3 = _____

10 · 3 = _____

1 · 5 = _____

2 · 5 = _____

5 · 5 = _____

10 · 5 = _____

1 · 6 = _____

2 · 6 = _____

5 · 6 = _____

10 · 6 = _____

2

· 1
1 · 1 = _____
2 · 1 = _____
5 · 1 = _____
10 · 1 = _____

· 2
1 · 2 = _____
2 · 2 = _____
5 · 2 = _____
10 · 2 = _____

· 3
1 · 3 = _____
2 · 3 = _____
5 · 3 = _____
10 · 3 = _____

· 4
1 · 4 = _____
2 · 4 = _____
5 · 4 = _____
10 · 4 = _____

· 5
1 · 5 = _____
2 · 5 = _____
5 · 5 = _____
10 · 5 = _____

· 6
1 · 6 = _____
2 · 6 = _____
5 · 6 = _____
10 · 6 = _____

· 7
1 · 7 = _____
2 · 7 = _____
5 · 7 = _____
10 · 7 = _____

· 8
1 · 8 = _____
2 · 8 = _____
5 · 8 = _____
10 · 8 = _____

· 9
1 · 9 = _____
2 · 9 = _____
5 · 9 = _____
10 · 9 = _____

· 10
1 · 10 = _____
2 · 10 = _____
5 · 10 = _____
10 · 10 = _____

3

·	1	2	5	10
3				
4				
5				
6				
7				
8				
9				
10				

STICKER

1 Aus wie vielen Würfeln besteht jede Stufe?

$1 \cdot 1 =$ _____

$2 \cdot 2 =$ _____

$3 \cdot 3 =$ _____

$4 \cdot 4 =$ _____

$5 \cdot 5 =$ _____

2 Wie geht es weiter?

 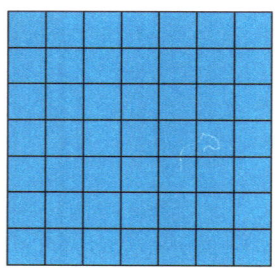 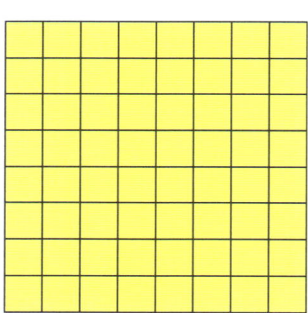

$6 \cdot 6 =$ _____ $7 \cdot 7 =$ _____ _____

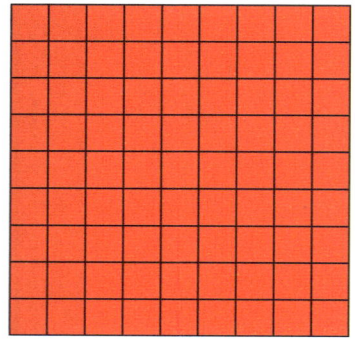 

_____ _____

Auf den **blauen** Feldern stehen die Ergebnisse der **Kernaufgaben**.

Auf den **grünen** Feldern stehen die Ergebnisse der **Quadrataufgaben**.

1 Rechne Quadrataufgaben und Kernaufgaben.
Welche Aufgaben kannst du noch lösen?

·	1	2	3	4	5	6	7	8	9	10
1										
2										
3										
4										
5										
6										
7										
8										
9										
10										

Quadrataufgaben,
Kernaufgaben,
Nachbaraufgaben,
...

STICKER

1   Male symmetrisch aus.

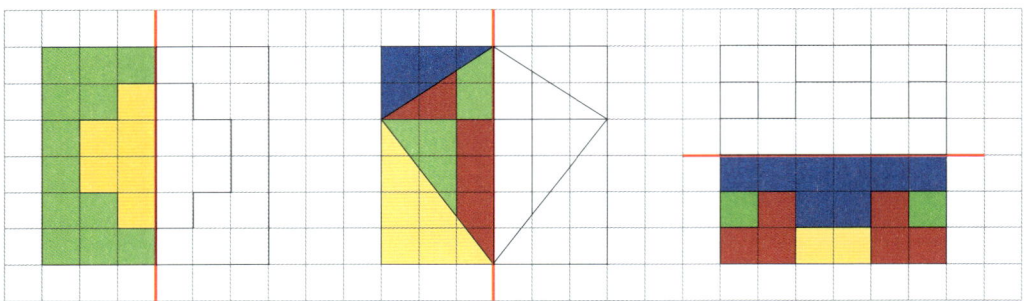

2   Male das Spiegelbild.

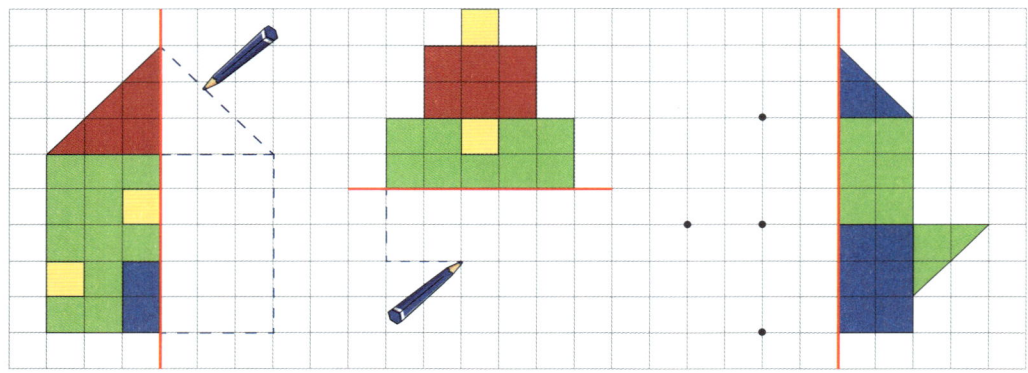

3   Zeichne alle Symmetrieachsen ein.

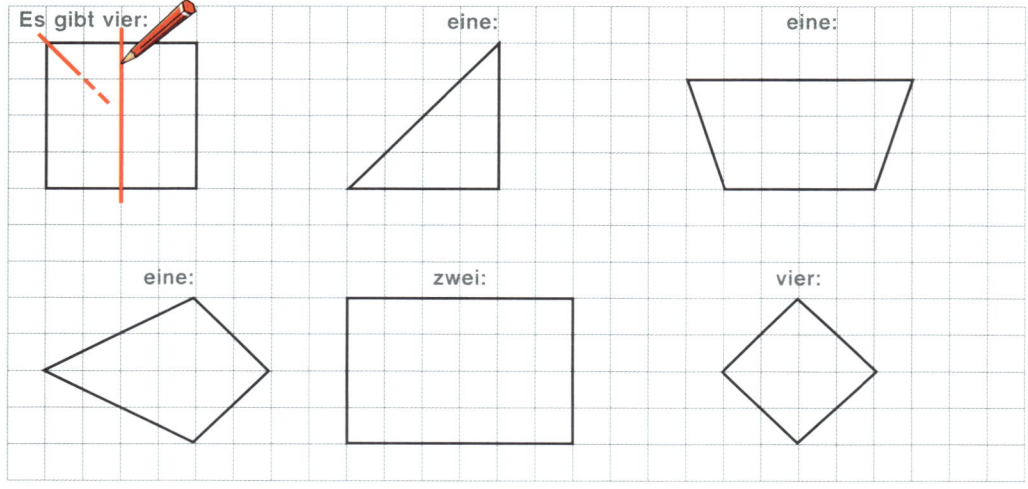

1 Die Trolle verschönern ihre Häuser.
Male die Muster weiter.

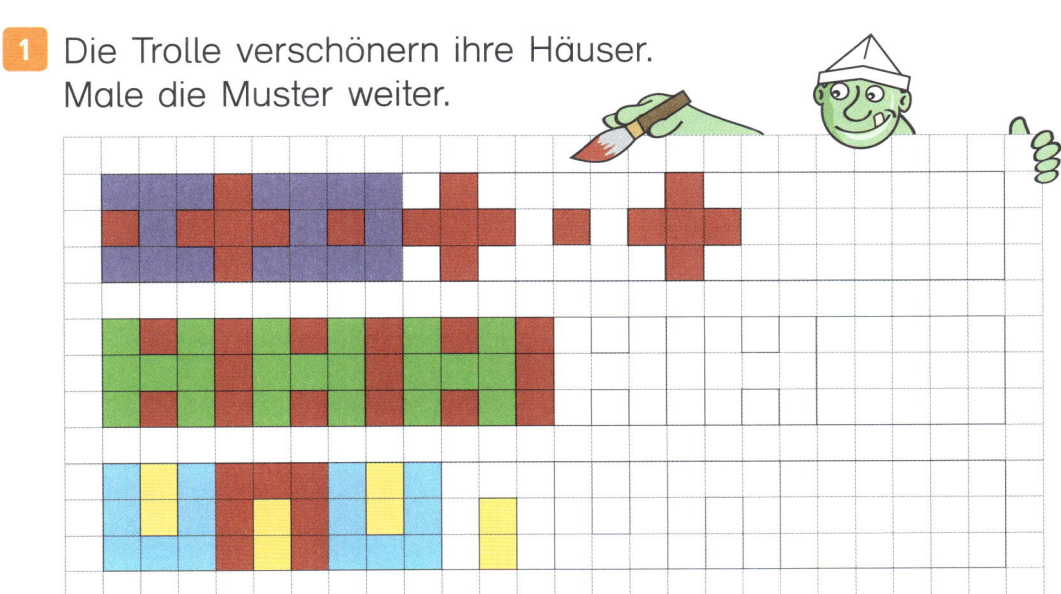

2 Auch der Fußboden soll ein schönes Muster bekommen.

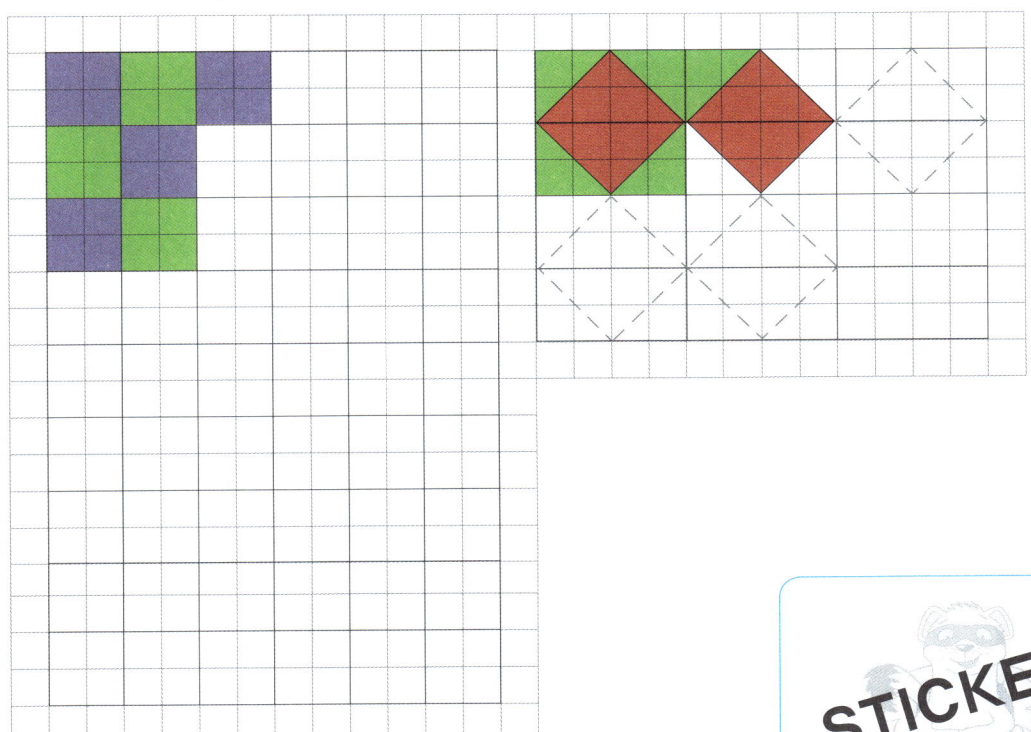

STICKER

1 Kreuze die Fragen an, die du beantworten kannst.

Prinzessin Lila hat 6 Buntstifte und 6 Filzstifte.

☐ Welche Farben haben die Buntstifte?

☐ Wie viele Stifte hat Prinzessin Lila insgesamt?

☐ Wie viele Wachsmalstifte hat Prinzessin Lila?

Prinz Gustav besitzt 18 Pferde.
Er bekommt 10 Pferde dazugeschenkt.

☐ Freut sich Prinz Gustav über die neuen Pferde?

☐ Wie viele Pferde hat Prinz Gustav jetzt insgesamt?

☐ Wer hat Prinz Gustav die Pferde geschenkt?

Prinzessin Annabel hat 27 Kleider.
Sie verschenkt 7 Kleider.

☐ Wem schenkt Prinzessin Annabel die Kleider?

☐ Warum verschenkt Prinzessin Annabel 7 Kleider?

☐ Wie viele Kleider hat Prinzessin Annabel jetzt noch?

König Herbert hat 5 Söhne und 3 Töchter.

☐ Wie viele Kinder hat König Herbert?

☐ Wie viele Enkelkinder hat König Herbert?

☐ Warum hat König Herbert mehr Söhne als Töchter?

2 Plus oder minus? Achte auf die Signalwörter.

König Herbert hat in seinem Beutel 100 Goldstücke. Er <u>verschenkt</u> 10 Goldstücke <u>aus</u> seinem Beutel an Prinz Anton.

+ (−)

Der Goldschatz wird von 5 Drachen bewacht. 2 Drachen <u>fliegen weg</u>.

+ −

Prinz Hugo hat 9 braune Pferde <u>und</u> 7 weiße Pferde.

+ −

Prinzessin Lilly hat 10 Paar Schuhe. Sie <u>bekommt</u> 2 neue Paar Schuhe <u>dazugeschenkt</u>.

+ −

Der Schatz besteht aus 20 Kisten mit Perlen <u>und</u> 30 Kisten mit Goldstücken.

+ −

3 Kreuze die passende Rechnung an. Achte auf die Signalwörter.

Zum großen Ball werden 20 Prinzessinnen <u>und</u> 20 Prinzen eingeladen.

☐ 20 − 20 = 0   ☐ 20 + 20 = 40

Prinz Gustav besitzt 28 Pferde. Er <u>kauft</u> 2 Pferde <u>dazu</u>.

☐ 28 − 2 = 26   ☐ 28 + 2 = 30

STICKER

1 Teile auf. Rechne.

Immer zwei Gespenster:

8 : 2 = _____ ,

denn _____ · 2 = 8

Immer drei Gespenster:

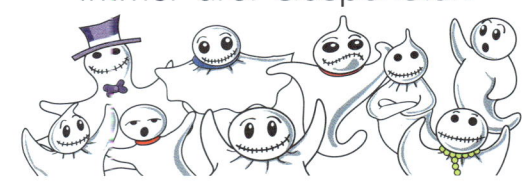

9 : 3 = _____ ,

denn _____ · 3 = 9

Immer vier Gespenster:

8 : 4 = _____ ,

denn _____ · 4 = 8

Immer fünf Gespenster:

10 : 5 = _____ ,

denn _____ · 5 = 10

Immer drei Gespenster:

15 : 3 = _____ ,

denn _____ · 3 = 15

Immer vier Gespenster:

16 : 4 = _____ ,

denn _____ · 4 = 16

2

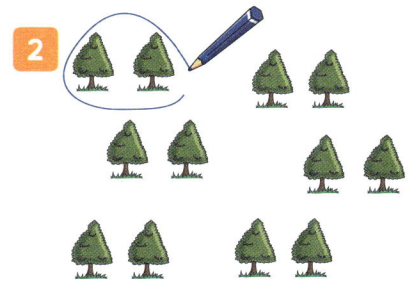

12 : 2 = ____ ,

denn ____ · 2 = 12

12 : 3 = ____ ,

denn ____ · 3 = 12

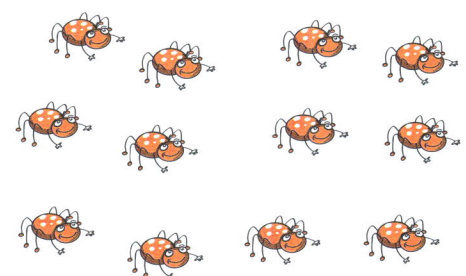
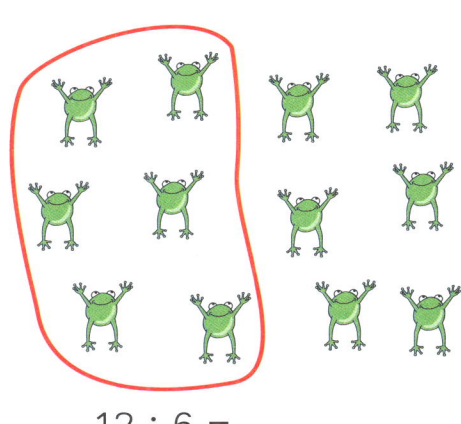

12 : 4 = ____ ,

denn ____ · 4 = 12

12 : 6 = ____ ,

denn ____ · 6 = 12

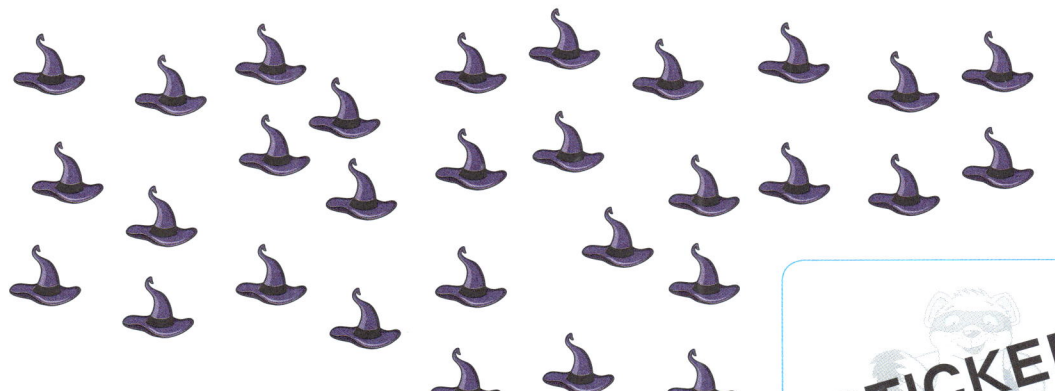

30 : 5 = ____ ,

denn ____ · 5 = 30

STICKER

1 Verteile gerecht. Rechne.

$6 : 3 =$ _____ , denn _____ $\cdot\ 3 = 6$

$12 : 3 =$ _____ , denn _____ $\cdot\ 3 = 12$

$12 : 4 =$ _____ , denn _____ $\cdot\ 4 = 12$

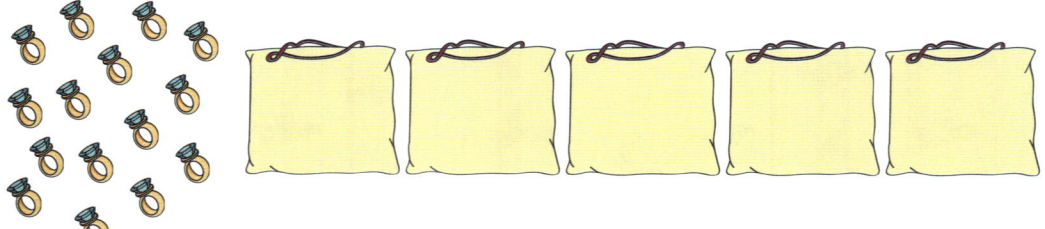

$15 : 5 =$ _____ , denn _____ $\cdot\ 5 = 15$

2

15 : 3 = _____ , denn _____ · 3 = 15

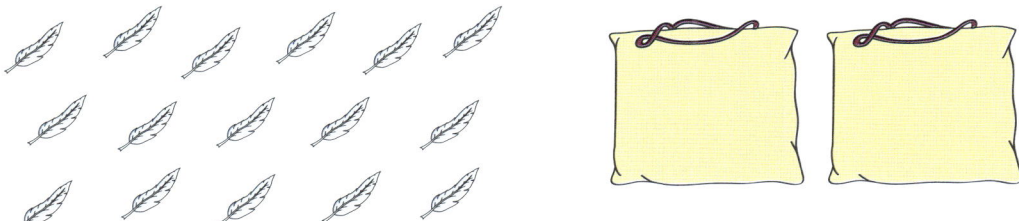

16 : 2 = _____ , denn _____ · 2 = 16

18 : 3 = _____ , denn _____ · 3 = 18

STICKER

1

Im Sack sind Zitronen- und Erdbeer-Lollis.
Mia zieht mit verbundenen Augen.
Kreuze an.

	sicher	möglich	unmöglich
Sie zieht … einen Zitronen-Lolli	☐	☐	☐
… einen Apfel-Lolli	☐	☐	☐
… einen Erdbeer-Lolli	☐	☐	☐
… einen Lolli	☐	☐	☐
… einen Cola-Lolli	☐	☐	☐
… einen Stein	☐	☐	☐

2

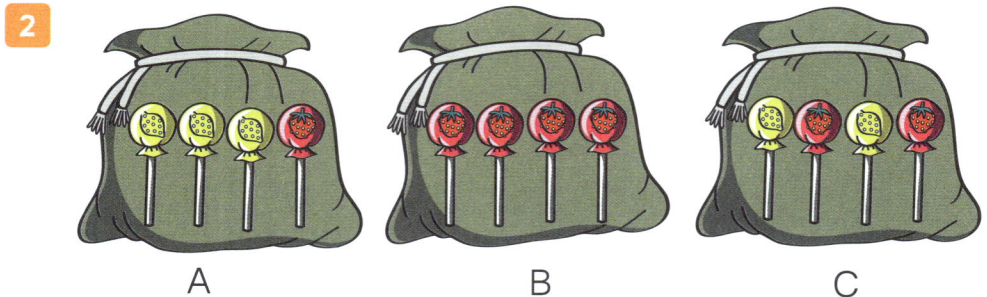

A   B   C

Trollo mag Zitrone lieber als Erdbeer.
Aus welchem Sack sollte er ziehen?

A   B   C
☐   ☐   ☐

Aus welchem Sack sollte er auf keinen Fall ziehen?

A   B   C
☐   ☐   ☐

1 Zwerg Tio hat eine rote und eine gelbe Mütze. Sein Hemd ist blau.

Welche Möglichkeiten hat er, sich anzuziehen? Male an.

Es sind ____ Möglichkeiten.

2 Hui hat eine rote und eine gelbe Mütze.
Ein Hemd ist blau, eines ist grün.
Welche Möglichkeiten hat er, sich anzuziehen?

Es sind ____ Möglichkeiten.

Hui kauft noch ein schwarzes Hemd.
Welche Möglichkeiten hat er jetzt?

Es sind ____ Möglichkeiten.

Erst die Zehner, dann die Einer!

38 + 24 = _62_
38 + 20 = _58_
58 + 4 = _62_

1

57 + 14 = ____
57 + 10 = _67_
_67_ + 4 = ____

29 + 24 = ____
29 + 20 = ____
____ + ____ = ____

47 + 26 = ____
____ + ____ = ____
____ + ____ = ____

35 + 17 = ____
____ + ____ = ____
____ + ____ = ____

68 + 23 = ____
____ + ____ = ____
____ + ____ = ____

56 + 18 = ____
____ + ____ = ____
____ + ____ = ____

2

29 + 34 = ____

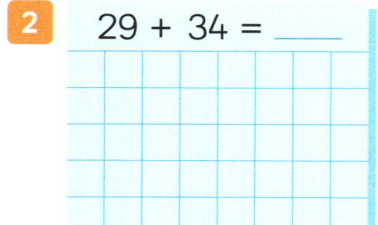

36 + 15 = ____

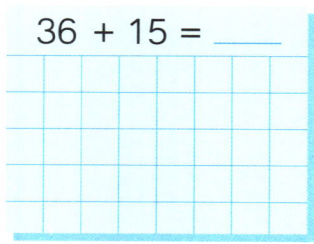

18 + 25 = ____

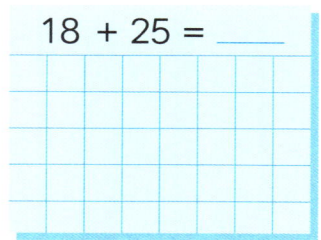

43 + 18 = ____

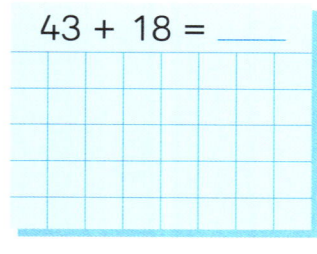

27 + 27 = ____

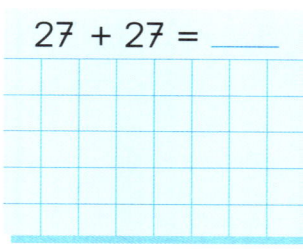

34 + 19 = ____

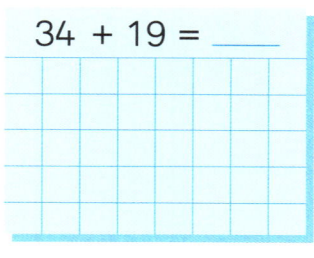

3 Rechne auf deinem Weg.

36 + 25 = _____

47 + 19 = _____

Wie rechnest du?

58 + 24 = _____

18 + 43 = _____

27 + 25 = _____

49 + 23 = _____

37 + 46 = _____

55 + 13 = _____

68 + 26 = _____

29 + 14 = _____

36 + 35 = _____

46 + 29 = _____

17 + 36 = _____

STICKER

Erst die Zehner, dann die Einer!

73 − 25 = _48_
73 − 20 = _53_
53 − 5 = _48_

1

53 − 16 = ____
53 − 10 = _43_
_43_ − 6 = ____

92 − 34 = ____
92 − 30 = ____
____ − ____ = ____

45 − 18 = ____
____ − ____ = ____
____ − ____ = ____

64 − 27 = ____
____ − ____ = ____
____ − ____ = ____

51 − 37 = ____
____ − ____ = ____
____ − ____ = ____

83 − 48 = ____
____ − ____ = ____
____ − ____ = ____

2

76 − 58 = ____

94 − 36 = ____

61 − 32 = ____

33 − 17 = ____

87 − 68 = ____
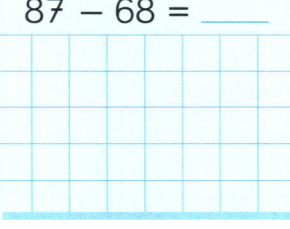

42 − 17 = ____
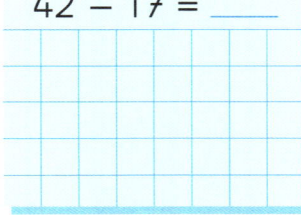

3 Rechne auf deinem Weg.

62 − 24 = ____

54 − 17 = ____

Wie rechnest du?

65 − 39 = ____

41 − 13 = ____

72 − 35 = ____

82 − 16 = ____

52 − 29 = ____

84 − 28 = ____

55 − 32 = ____

93 − 24 = ____

34 − 15 = ____

71 − 42 = ____

95 − 36 = ____

STICKER

1 Kreuze bei jeder Aufgabe die richtige Aussage an.

Der Riese Maximilian ist 27 m groß, der Riese Erhard ist 21 m groß.

☐ Der Riese Maximilian ist 6 m größer als der Riese Erhard.

☐ Der Riese Erhard ist 5 m kleiner als der Riese Maximilian.

Die Trolle bauen Türme.
Trollos Turm ist 9 m hoch, Rollos Turm ist 12 m hoch und Ollos Turm ist 15 m hoch.

☐ Rollos Turm ist der größte Turm.

☐ Trollos Turm ist der kleinste Turm.

Der Zauberer Klitzeklein verzaubert mit seinem Zauberstab jeden, den er berührt.
Der Drache Stachelschweif war vor der Begegnung 100 m groß. Nun ist er 100 cm groß.

☐ Der Drache ist genau so groß wie vorher.

☐ Der Drache ist größer als vorher.

☐ Der Drache ist kleiner als vorher.

2 Kreuze die richtigen Lösungen an.

Ein kleiner Drache ist aus seinem Drachenei geschlüpft.
Er ist 47 cm groß.
Wie viele Zentimeter muss er noch wachsen,
bis er 100 cm groß ist?

☐ 53 cm   ☐ 63 cm   ☐ 43 cm

Der Drachenjunge wartet 2 Stunden auf seinen Vater.
Um 16:00 Uhr kehrt der Drachenvater zurück.
Um wie viel Uhr ist der Drachenvater weggeflogen?

☐ 02:00 Uhr   ☐ 14:00 Uhr   ☐ 16:00 Uhr

Um 06:00 Uhr bekommt das Drachenei einen kleinen
Riss. Das Drachenbaby braucht 30 Minuten, um aus
dem Ei zu schlüpfen.
Um wie viel Uhr ist das Drachenbaby ganz aus dem Ei
geschlüpft?

☐ 06:00 Uhr   ☐ 30:00 Uhr   ☐ 06:30 Uhr

Der Goldschatz ist 53 € wert, der
Perlenschatz ist 44 € wert.
Wie viel Euro sind beide Schätze
zusammen wert?

☐ 9 €   ☐ 53 €   ☐ 97 €

STICKER

1 Drei Uhren gehören jeweils zusammen. Verbinde.

2 Male gleiche Uhrzeiten gleich an.

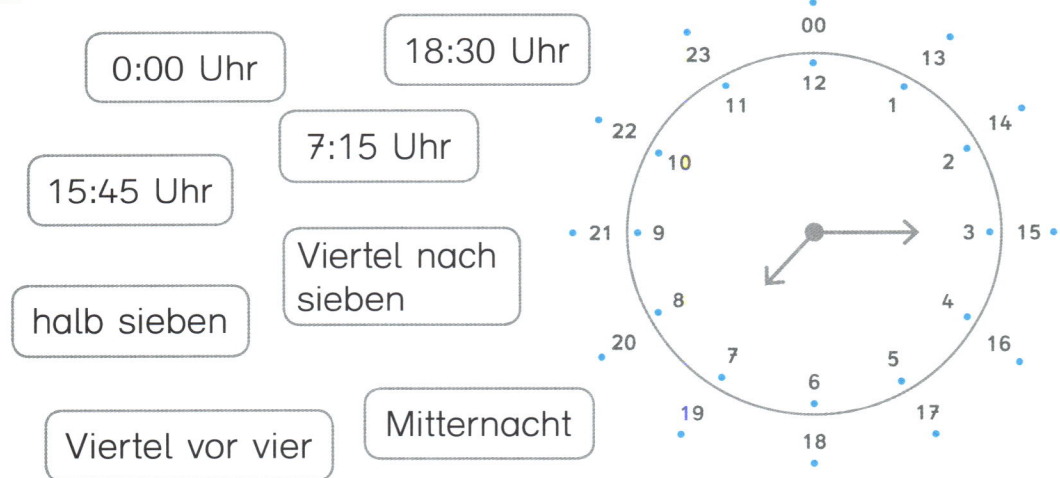

0:00 Uhr

18:30 Uhr

7:15 Uhr

15:45 Uhr

Viertel nach sieben

halb sieben

Viertel vor vier

Mitternacht

3 Zeichne die Zeiger ein.

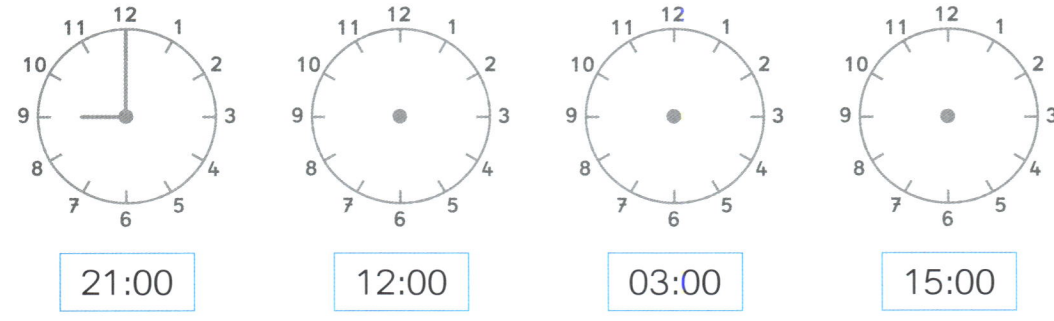

21:00   12:00   03:00   15:00

4 So ist es in der Hexenschule.

Zeit	Montag	Dienstag	Mittwoch	Donnerstag
8:00-9:30	Fliegen	Kochen	Zauberbuch lesen	Kräuter sammeln
9:30-9:45	Besen pflegen	Kessel reinigen	Zauberbuch verstecken	Kräuter sortieren
9:45-12:00	Wetter hexen	Zaubertrank abfüllen	Tiere verhexen	Wunden heilen

Um wie viel Uhr beginnt das Fach „Kräuter sortieren"?

_____

Um wie viel Uhr beginnt das „Kochen"?

_____

Um wie viel Uhr endet das Fach „Wetter hexen"?

_____

Um wie viel Uhr endet das Fach „Zauberbuch lesen"?

_____

Wie lange sind die Hexen am Montag in der Schule?

_____ Stunden

Wie lange dauert das Fach „Kessel reinigen"?

_____ Minuten

Mein Lieblingsfach wäre

_____ .

Es dauert _____ .

STICKER

1 Heute ist Montag.

Morgen ist _____.

Übermorgen ist _____.

Gestern war _____.

Vorgestern war _____.

In drei Tagen ist _____.

Vor drei Tagen war _____.

| MONTAG |
| DIENSTAG |
| MITTWOCH |
| DONNERSTAG |
| FREITAG |
| SAMSTAG |
| SONNTAG |

2 Jetzt ist Mai.

In einem Monat ist _____.

In drei Monaten ist _____.

Vor einem Monat war _____.

Vor drei Monaten war _____.

Januar	Februar	März
1 2 3 4 5	1 2	1 2
6 7 8 9 10 11 12	3 4 5 6 7 8 9	3 4 5 6 7 8 9
13 14 15 16 17 18 19	10 11 12 13 14 15 16	10 11 12 13 14 15 16
20 21 22 23 24 25 26	17 18 19 20 21 22 23	17 18 19 20 21 22 23
27 28 29 30 31	24 25 26 27 28	24 25 26 27 28 29 30
		31

April	Mai	Juni
1 2 3 4 5 6	1 2 3 4	1
7 8 9 10 11 12 13	5 6 7 8 9 10 11	2 3 4 5 6 7 8
14 15 16 17 18 19 20	12 13 14 15 16 17 18	9 10 11 12 13 14 15
21 22 23 24 25 26 27	19 20 21 22 23 24 25	16 17 18 19 20 21 22
28 29 30	26 27 28 29 30 31	23 24 25 26 27 28 29
		30

Juli	August	September
1 2 3 4 5 6	1 2 3	1 2 3 4 5 6 7
7 8 9 10 11 12 13	4 5 6 7 8 9 10	8 9 10 11 12 13 14
14 15 16 17 18 19 20	11 12 13 14 15 16 17	15 16 17 18 19 20 21
21 22 23 24 25 26 27	18 19 20 21 22 23 24	22 23 24 25 26 27 28
28 29 30 31	25 26 27 28 29 30 31	29 30

Oktober	November	Dezember
1 2 3 4 5	1 2	1 2 3 4 5 6 7
6 7 8 9 10 11 12	3 4 5 6 7 8 9	8 9 10 11 12 13 14
13 14 15 16 17 18 19	10 11 12 13 14 15 16	15 16 17 18 19 20 21
20 21 22 23 24 25 26	17 18 19 20 21 22 23	22 23 24 25 26 27 28
27 28 29 30 31	24 25 26 27 28 29 30	29 30 31

3 Diese Monate haben genau 30 Tage:

_____, _____, _____, _____

Diese Monate haben genau 31 Tage:

_____, _____, _____, _____,

_____, _____

Dieser Monat hat 28 Tage: _____

In einem Schaltjahr hat er _____ Tage.

4 Der wievielte Monat im Jahr ist es?

Januar	1. Monat	Juli	____. Monat
Februar	____. Monat	_____	8. Monat
März	____. Monat	September	9. Monat
April	____. Monat	Oktober	____. Monat
_____	____. Monat		____. Monat
Juni	____. Monat		_____

5 Schreibe die Geburtstage auf.

Prinzessin Lila	26. 1.	26. Januar
Prinzessin Rosa	19. 4.	19. _____
Prinz Gustav	27. ____.	27. Mai
König Herbert	7. ____.	7. Juli
Prinzessin Annabel	28. 10.	28. _____
Prinzessin Lilly	11. ____.	11. November

Prinzessin Lilly und Prinzessin Annabel werden beide acht
Jahre alt. Kreise ihre Geburtstage im Kalender ein.
Annabel ist ____ Tage älter als Lilly.

1 Würfel, Quader und Kugel sind geometrische Körper.
Schreibe die Namen unter die jeweiligen Körper.

2 Wie viele Körper werden jeweils verbaut?

A

B

D

C

	A	B	C	D
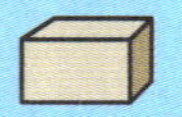 🔲				
 ⚪				
 🔳				

1 Wer hat welchen Blick auf das Schloss Schlotterstein?
Trage die Nummern ein.

1

2

3

4

5

STICKER

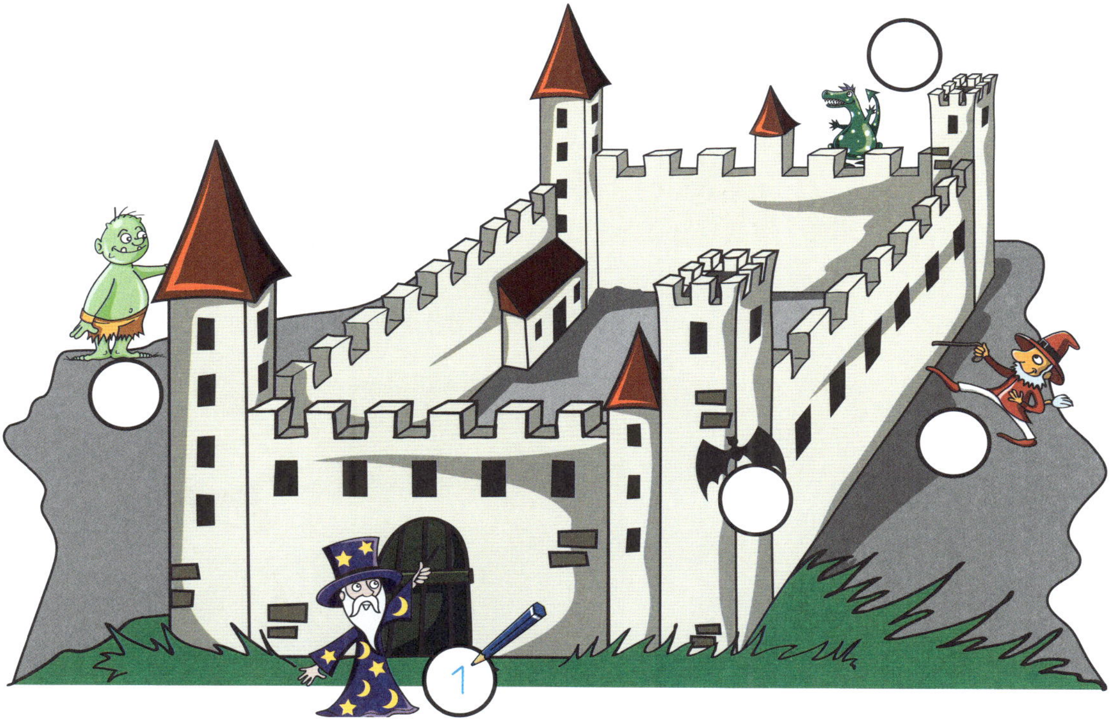

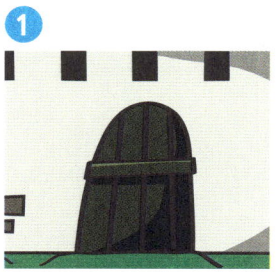

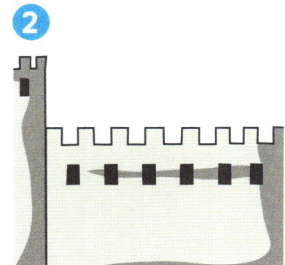

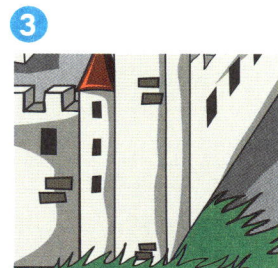

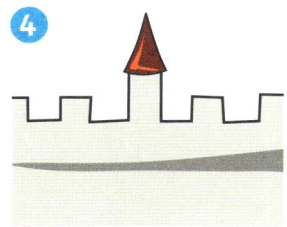

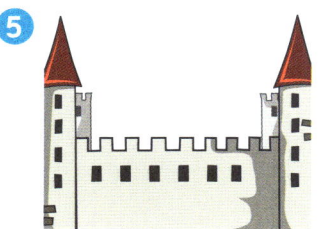

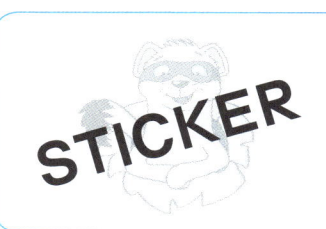

Die Gespenster wählen ihren Chef. Das Ergebnis der Wahl wird in einer Tabelle notiert.

Trage die Anzahl der Stimmen ein:

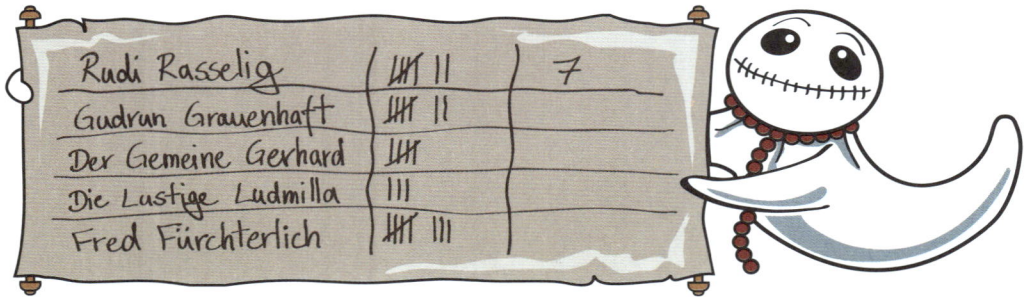

Rudi Rasselig	⦀⃦ II	7
Gudrun Grauenhaft	⦀⃦ II	
Der Gemeine Gerhard	⦀⃦	
Die Lustige Ludmilla	III	
Fred Fürchterlich	⦀⃦ III	

Die meisten Stimmen hat _____.

Für Gudrun Grauenhaft haben _____ Gespenster gestimmt.

Die wenigsten Stimmen hat _____.

Zeichne ein Balkendiagramm zu der Tabelle.

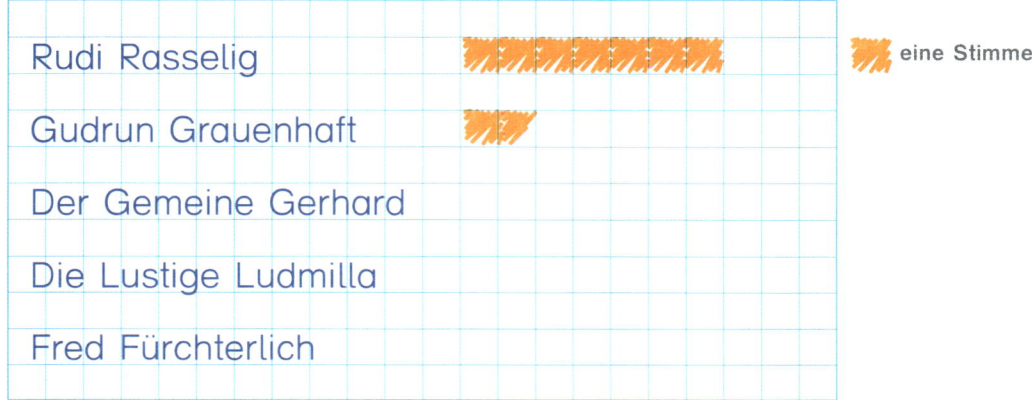

eine Stimme

2 In der Schule nennt jedes Gespenst sein Lieblingsfach.

Dieses Balkendiagramm zeigt das Ergebnis:

Leute erschrecken

Schnelles Fliegen

Gruselgeräusche machen

Kunststücke

Unsichtbar werden

☐ ein Gespenst

Welches ist das beliebteste Unterrichtsfach?

☐ Leute erschrecken ☐ Kunststücke ☐ Gruselgeräusche machen

Wie viele Gespenster haben das Lieblingsfach „Kunststücke"?

☐ 6 Gespenster ☐ 12 Gespenster ☐ 14 Gespenster

Welches Unterrichtsfach hat die wenigsten Stimmen?

☐ Schnelles Fliegen ☐ Leute erschrecken ☐ Unsichtbar werden

Trage in die Tabelle ein.

Leute erschrecken	卌 I	6
Schnelles Fliegen	卌 IIII	9
Gruselgeräusche machen	卌 卌 IIII	
Kunststücke		12
Unsichtbar werden		9

STICKER

1

4 ·   2 Hände = _____ Hände

4 · 10 Finger = _____ Finger

4 · _____ Augen = _____ Augen

4 · _____ Monde = _____ Monde

4 · _____ Sterne = _____ Sterne

4 · _____ Zauberstab = _____ Zauberstäbe

2

10 + 50 = _____   87 − 10 = _____   75 + 5 = _____

11 + 51 = _____   85 − 10 = _____   70 + 10 = _____

12 + 52 = _____   83 − 10 = _____   65 + 15 = _____

_____ + _____ = _____   _____ − _____ = _____   _____ + _____ = _____

_____ + _____ = _____   _____ − _____ = _____   _____ + _____ = _____

3 Kreuze alle Aufgaben an, …

… deren Ergebnis größer als 60 ist.

☐ 30 + 20   ☐ 25 + 15   ☐ 94 − 30

☐ 27 + 40   ☐ 68 − 7   ☐ 100 − 60

☐ 82 − 20   ☐ 47 + 14   ☐ 14 + 46

… deren Ergebnis genau 45 ist.

☐ 55 − 5   ☐ 15 + 30   ☐ 10 + 15

☐ 30 + 25   ☐ 55 − 10   ☐ 65 − 20

☐ 70 − 25   ☐ 40 + 15   ☐ 82 − 40

4

5 · 4 = ____	4 · ____ = 20	7 · 5 = ____
8 · 2 = ____	10 · ____ = 80	____ · 5 = 30
1 · 9 = ____	7 · ____ = 14	3 · ____ = 6
6 · 10 = ____	9 · ____ = 45	10 · 4 = ____

5 Bilde jeweils vier Aufgaben.

`30` `70` `40`   `22` `16` `38`   `100` `15` `85`

30 + 40 = 70	22 + 16 = ____	_____
40 + 30 = ____	_____	_____
70 − 40 = ____	_____	_____
70 − 30 = ____	_____	_____

6

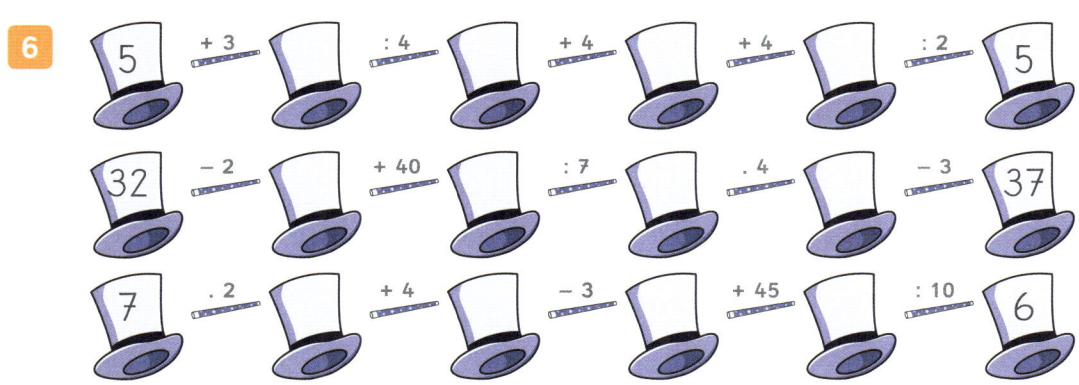

5 + 3 : 4 + 4 + 4 : 2 5

32 − 2 + 40 : 7 · 4 − 3 37

7 · 2 + 4 − 3 + 45 : 10 6

7 Setze das richtige Rechenzeichen ein: (+) (−) (·) (:)

2 ◯ 7 = 14	24 ◯ 8 = 32
5 ◯ 6 = 11	10 ◯ 8 = 80
48 ◯ 6 = 42	29 ◯ 4 = 25
40 ◯ 5 = 8	8 ◯ 4 = 2
25 ◯ 5 = 5	6 ◯ 2 = 12

STICKER

1 Finde in jeder Tabelle drei Fehler. Kreuze die Felder an.

+	13	44	31	9
37	50	71	68	45
52	65	98	83	61

−	21	8	41	12
85	54	77	44	73
73	52	65	33	65

·	2	5	1	10
3	6	12	3	30
7	10	35	1	70

:	2	5	1	10
10	2	2	10	100
20	10	3	20	2

2 Wie heißen die Lösungswörter?
Zu jedem Ergebnis gehört ein Buchstabe.

5	6	8	11	22	24	31	40	72	92
N	K	R	T	M	D	I	E	V	W

$80 + 12 =$ _____ _____

$46 − 6 =$ _____ _____

$9 + 22 =$ _____ _____

$80 − 69 =$ _____ _____

$4 · 10 =$ _____ _____

$40 : 5 =$ _____

$15 + 7 =$ _____ _____

$14 + 17 =$ _____ _____

$20 − 9 =$ _____

$12 + 12 =$ _____ _____

$12 + 28 =$ _____ _____

$25 : 5 =$ _____

$23 + 1 =$ _____ _____

$63 − 23 =$ _____ _____

$3 + 8 =$ _____ _____

$5 · 8 =$ _____ _____

$30 : 5 =$ _____ _____

$23 − 12 =$ _____ _____

$72 − 41 =$ _____ _____

$27 + 45 =$ _____ _____

$70 − 30 =$ _____ _____

$20 : 4 =$ _____